博物馆学新视野下的
文物保护管理研究

叶子瑜　叶雯静　著

延吉·延边大学出版社

图书在版编目（CIP）数据

博物馆学新视野下的文物保护管理研究 / 叶子瑜，叶雯静著. -- 延吉 ：延边大学出版社，2024.1
ISBN 978-7-230-06195-7

Ⅰ．①博… Ⅱ．①叶… ②叶… Ⅲ．①博物馆－文物保护－研究 Ⅳ．①G264

中国国家版本馆CIP数据核字(2024)第042787号

博物馆学新视野下的文物保护管理研究
BOWUGUANXUE XINSHIYE XIA DE WENWU BAOHU GUANLI YANJIU

著　　者：叶子瑜　叶雯静
责任编辑：秦玉波
封面设计：文合文化
出版发行：延边大学出版社
社　　址：吉林省延吉市公园路977号　　　　邮　　编：133002
网　　址：http://www.ydcbs.com　　　　　　E-mail：ydcbs@ydcbs.com
电　　话：0433-2732435　　　　　　　　　　传　　真：0433-2732434
印　　刷：廊坊市海涛印刷有限公司
开　　本：710×1000　1/16
印　　张：12.75
字　　数：200 千字
版　　次：2024 年 1 月 第 1 版
印　　次：2024 年 1 月 第 1 次印刷
书　　号：ISBN 978-7-230-06195-7

定价：65.00元

前　言

博物馆是人类文化遗产的宝库，深研博物馆学，对社会政治、经济、文化等的发展均有积极作用。同时，在博物馆发展过程中，文物保护和管理是至关重要的一环，加大对博物馆文物的保护力度，具有重要意义。

本书以深化博物馆学理论研究及加大文物保护力度、发展保护技术为目的，首先从博物馆与博物馆学的基本理论入手，系统总结了博物馆与博物馆学的相关概念及相关研究的发展历程、体系内容等，解释了博物馆学新视野下文物保护与管理的意义，明确了本书的逻辑起点。在此基础上，对文物保护管理工作展开深入研究，以文物保护的基础知识为切入点，分别论述了各类文物的保护技术；然后将数字化技术引入文物保护领域，展现了新技术在文物保护领域的优势；最后论述了文物管理的标准化、法治化。本书力求为我国文物保护管理研究工作提供借鉴，以发挥文物的价值，让历史文化得以传承。

本书共计二十万字，其中第二章到第七章由叶子瑜撰写，共十五万字；第一章由叶雯静撰写，共五万字。

本书在撰写过程中，得到了同人的大力支持，书中参考并借鉴了多位学者的专著、论文，在此表示感谢。

由于作者水平有限，加上时间仓促，书中的疏漏和不足在所难免，恳请各位学者及读者提出宝贵的意见和建议，以便今后修改完善。

笔者

2023 年 12 月

目　录

第一章　博物馆与博物馆学概述 ··· 1

第一节　博物馆 ·· 1

第二节　博物馆学 ·· 18

第二章　当代博物馆学的主要分支 ·· 40

第一节　普通博物馆学 ·· 40

第二节　应用博物馆学 ·· 44

第三节　专门博物馆学 ·· 83

第三章　中国博物馆学理论体系 ·· 90

第一节　中国博物馆学理论体系的发展概况 ·································· 90

第二节　中国博物馆学理论体系发展的影响因素 ·························· 95

第三节　中国博物馆学理论体系的发展趋势 ································ 103

第四章　文物保护理论 ··· 107

第一节　文物保护的基本理论 ·· 107

第二节　文物的环境——以博物馆环境为例 ································ 125

第三节　文物的材料 ··· 130

第五章　各类文物保护技术 ... 135

第一节　青铜器文物保护技术 ... 135

第二节　陶瓷文物保护技术 ... 141

第三节　金属类文物保护技术 ... 151

第四节　纸质与纺织品文物保护技术 ... 163

第六章　文物的数字化保护 ... 172

第一节　文物数字化保护概况 ... 172

第二节　3D 数据中的低模与高模 ... 174

第三节　多模态影像融合技术 ... 176

第四节　文物修复中的有限元分析技术 ... 178

第五节　文物的虚拟修复与复制 ... 180

第七章　文物管理标准化、法治化 ... 183

第一节　文物管理标准化 ... 183

第二节　文物管理法治化 ... 189

参考文献 ... 197

第一章　博物馆与博物馆学概述

第一节　博物馆

一、博物馆的定义及构成要素

（一）博物馆的定义

"博物馆"一词源于希腊语 mouseion，指"供奉缪斯及从事研究的处所"。缪斯是希腊神话中主司艺术与科学的九位古老文艺女神的总称。17世纪时，英国贵族阿什莫林将其收藏的货币、徽章、武器、服饰、美术作品、考古出土文物、民族民俗文物以及各种动植物、矿物标本全部捐献给牛津大学，建立了向公众开放的博物馆，即阿什莫林博物馆。此后，museum 成为博物馆的通用名称，用来表示收藏和展出历史文物、艺术品和自然标本的一种机构。18世纪，欧洲一些国家相继建立了博物馆，如不列颠博物馆（又名大英博物馆）、爱尔兰国家博物馆等。

第一个将英文 museum 译成"博物馆"的人是林则徐。1839年3月至1840年11月，林则徐组织翻译了许多外文书籍，其中包括英国人慕瑞（H. Murray）著的《世界地理大全》，林则徐加以润色、编辑，纂成《四洲志》一书。1841年，林则徐把《四洲志》书稿交给魏源，魏源据此编写了《海国图志》一书。林则徐在《四洲志》中写道："兰顿建大书馆一所，博物馆一所。"可见，林则徐实为中国翻译并介绍西方博物馆的第一人。1867年至1870年，清代改良主义政论家王韬随英国人理雅各（J. Legge）去英国译书，此间漫游英、法、俄等国，并将这段经历写成《漫游随录》，书中把博物馆称为"博物院"，记述所见博物馆不下 15 处。与此同时，日本也派遣使团访问西方。日本近代思想家福泽谕吉于 1861 年随团赴欧，1866 年福泽谕吉根据其购入的书籍和参访笔记著成《西洋事情》一书，书中用"博物馆"一词来表示使团在西方参观的各种有关机构。日本博物馆学家田中芳男对日本博物馆的产生和发展也起到了重要的推动作用。19 世纪 70 年代以后，介绍国外情况的著述越来越多地使用"博物馆"这一名称，"博物馆"一词逐渐成为固定译语。

1. 国际博物馆协会对博物馆的定义

（1）定义

博物馆的定义是对博物馆的性质、特点、职能、目的和任务的科学表述，应易于被外界认知。作为博物馆行业最大的国际性非政府组织——国际博物馆协会（以下简称"国际博协"）也在不断地修改、完善博物馆的定义，使之能更好地面向社会，因为社会是博物馆存在的基础。自 1946 年成立伊始，国际博协就对博物馆的定义进行了多次修订，大致经历了以下两个阶段：

第一阶段：强调博物馆本身的职能，没有涉及博物馆与社会的关系。

1946 年，国际博协的章程对博物馆的定义为："博物馆是指向公众开放的展示美术、工艺、科学、历史以及考古学藏品的机构，也包括动物园和植物园，但图书馆如无常设陈列室者除外。"

1951 年，国际博协通过的协会章程对博物馆的定义进行了第一次修订："博物馆是运用各种方法保管和研究艺术、历史、科学和技术方面的藏品，以及动物园、植物园、水族馆中具有文化价值的资料和标本，供观众欣赏、学习而以公开开放为目的的，为公众利益而进行管理的一切常设机构。"

1962 年，国际博协对博物馆的定义又进行了修订："以研究、教育和欣赏为目的，收藏、保管具有文化或科学价值的藏品并进行展出的一切常设机构。"

该时期，博物馆的定义凸显了博物馆的特性，将博物馆与其他科研、教育机构区别开来。

第二阶段：把博物馆与社会的关系纳入博物馆的定义中，强调了博物馆在社会体系中为社会发展服务的角色定位。

1974年，国际博协在哥本哈根召开第十一届全体大会，给博物馆下的定义是："博物馆是一个不追求盈利，为社会和社会发展服务的、公开的永久性机构。它把收集、保存、研究有关人类及其生存环境的见证物当作自己的基本职责，以便展出、公之于众，提供学习、教育、欣赏的机会。"这一定义强调了博物馆的公共属性和基本职能，与以往的定义相比，更重视博物馆与社会的关系，强调博物馆为社会及社会发展服务。

1989年，国际博协在荷兰海牙举行第十六届全体大会，又将博物馆的定义修订为："博物馆是为社会和社会发展服务的向公众开放的非营利性的永久机构，它以研究、教育和观赏为目的，搜集、保存、研究、传播并展示人类及其生存环境的见证物。"

2007年8月24日，国际博协在维也纳召开，通过了修改的《国际博物馆协会章程》，章程将博物馆的定义表述为："博物馆是一个为社会及其发展服务的、向公众开放的非营利性常设机构，它以教育、研究、欣赏为目的，征集、保护、研究、传播并展出人类及人类环境的物质及非物质遗产。"这个定义体现了21世纪博物馆发展的新趋势，不少博物馆学论著引用了这个定义，许多国家在对本国的博物馆进行定义时也往往以此为依据或参照。

（2）阐释

第一，非营利性。非营利性是博物馆的根本性质，也是博物馆组织的目的，表明博物馆是社会公益事业，是代表社会最广大民众利益的社会公益机构，不是为了获得利润，但对博物馆"公益性"的强调并不是对博物馆运作方式和组织行为的简单规定。

非营利性机构是西方国家从法学、经济学、社会学角度对特定社会机构、团体组织的称谓，此类机构的大部分收入不是通过在市场上出售商品或服务获得的，而是通过其成员上交会费或支持者捐赠财物获得的，非营利性机构存在的目的是推进社会的积极变革和发展，提高公众素质，改变公众的信念和行为，提供社会需要的物品和服务。在西方发达国家，非营利性组织享受很多优惠待遇。以美国为例，非营利性组织能享受的特殊待遇有免除联邦政府、州政府和地方政府的所得税等，绝大多数情况下可免除地方财产税。

非营利性机构的性质使得博物馆在与其他机构的竞争中处于有利的位置，为其生存和发展提供了良好的条件，也规范了博物馆的活动领域和运作方式。博物馆的非营利性并不会对博物馆经营活动形成约束和制约，而是要保障博物馆的公益性。博物馆可以通过销售艺术纪念品、餐饮服务、场地出租、专家咨询、出售版权等方式获得收入，只不过博物馆开展营销活动不能有悖其作为公益性组织的宗旨和使命，营销活动的规模也要以公益事业的合理发展为目的，经营收益要继续用于博物馆自身的建设，不得分配给任何组织和个人。同时，政府和社会也不能因博物馆的营销活动而减少对博物馆事业的支持与引导。

作为社会公益事业的博物馆必须以实现社会利益和价值为出发点，非营利性使其不为经济利益所左右。作为社会公益事业单位，博物馆应根据社会需求、社会利益来编制工作规划，组织任何展览和社交活动都必须兼顾社会效益。

第二，为社会及其发展服务。为社会及其发展服务，强调的是博物馆的目标与宗旨。博物馆是公共文化服务的重要基础性设施，在保护物质与非物质文化遗产、传承优秀传统文化、传播科学知识、增强民族文化认同以及激励文化创新等方面发挥着重要作用。

为社会及社会发展服务，表明新时期的博物馆更重视与社会的关系，积极关注社会发展的新问题，满足公众发展的需求，为社会的稳定和创新提供智力支持。2014年国际博物馆日的主题是"博物馆藏品架起沟通的桥梁"，是说要通过提炼主题、组合器物关系、创造视觉美感，让公众认识、理解历史进程和社会发展，从而架起过去与现在、传统与创新、生活与艺术乃至不同文化之间的桥梁。简言之，就是促使博物馆创新理念、加强对藏品的阐释、改进陈列观念，更好地为公众提供服务。为了更好地为社会发展服务，还要做好博物馆的营销工作，营销的目的是增进公众对博物馆的认识和了解，以更好地服务公众与社会。美国大都会艺术博物馆就把营销定义为"服务博物馆的品牌战略、发展趋势,而在公众中推介博物馆的行为",有效的营销活动能提升博物馆的综合效益,提高博物馆的公共服务水平。

现在,博物馆的参观者不仅是博物馆文化产品的享用者和受益者,更是博物馆建设的参与者。博物馆要鼓励参观者积极利用博物馆的资源,通过各种方式吸引公众走进并融入博物馆。

第三,以教育、研究和欣赏为目的。以教育、研究和欣赏为目的,体现了博物馆的功能。2007年,国际博协将博物馆定义中的"教育"功能调至首位,而将原居于首位的"研究"等级下调,反映了国际博物馆界对社会责任的关注,也表明了国际博物馆界对博物馆社会效益的关注。由此可知,定义是把"教育"视为"征集、保护、研究、传播、展出"等博物馆基本业务的共同目的,也就是说博物馆的各项业务活动都应贯彻"教育"的目的,从过去以"收藏""研究"为主,变为以"教育"为主,收藏、教育与研究并重。

第四,人类及人类环境的物质与非物质遗产。博物馆是从皇室贵族的私人收藏发展起来的,这些收藏的作用主要是满足贵族个人的好奇心或欣赏、炫耀的心理需求。自博物馆诞生之日起至20世纪70年代,国际博协用来指称博物馆藏品的词汇有物品(objects)、标本(specimens)、人工制品(artifacts),我国对博物馆下的定义中用的也是"文物""标本"等词汇。

1971年,国际博协给博物馆下定义时,用"人类和自然的物质见证"代替了传统定义中使用的"objects",反映了博物馆收藏与展示的对象由有形的、具有历史和艺术价值的物品扩展到了无形的文化领域,标志着博物馆藏品范围的变革。1974年,国际博协又用"人类和人类环境的见证物"来界定博物馆藏品,占主流的虽是可移动的文物,但其内涵已大大扩展,不再局限于人的行为的直接结果,而是人的行为和认知能力在物质世界的反映和折射。

2004年修订的《国际博物馆协会博物馆职业道德准则》中提到,博物馆工作的原则之一是对实物的或非实物的自然和文化遗产负责。可见博物馆的藏品界定已明显扩大至文化遗产,其后所附的词汇表中明确界定博物馆收藏展示的文化遗产包括任何具有美学、历史、科学和精神意义的物或概念。

2007年，国际博协将博物馆定义中的"人类及人类环境的物证"修改为"人类及人类环境的物质与非物质遗产"。这一方面使博物馆藏品与研究对象的范围不再局限于实物，而是扩展到非物质文化遗产领域，博物馆不仅要收藏、保管、展示物质文化遗产，还要调整工作方向、业务流程和工作规范，成为保护、传承、管理、展示非物质文化遗产的积极力量；另一方面也对博物馆的工作提出了新的挑战，面对新的工作对象，除借鉴管理物质文化遗产的工作经验外，还要根据非物质文化遗产的特殊性，逐渐摸索新的理论和方法，使博物馆能更好地发挥职能，为社会及社会发展服务。

"人类及人类环境的物质与非物质遗产"反映了新时期人们对博物馆的认识水平，也表明博物馆不仅要收藏那些具有较高经济和艺术价值的物品，也要重视那些没有特殊经济或艺术价值，但能帮助人们认识自己及周围环境的物品。

2.欧美国家对博物馆的定义

关于博物馆的定义，各国学者有不同的看法。1951年，日本颁布的《博物馆法》对博物馆的定义为："博物馆是收集、保存、展出有关历史、艺术、民俗、工业、自然科学等资料，供一般民众使用，同时为教育、调查研究、启蒙教育等进行必要的工作，并把对这些资料进行调查研究作为目的的机关。"《苏联大百科全书》对博物馆的定义为："博物馆是征集、保藏、研究和普及自然历史标本、物质及精神文化珍品的科学研究机构、科学教育机构。"意大利国家统计局1995年为统计目的而对博物馆下的定义为："向公众开放的文化机构，调查、征集、研究、展出和宣扬作为文化的物证的物品，其职能是为公共利益而保存、研究和宣扬文化财产。"

美国博物馆协会于1962年给博物馆下的定义为："博物馆是非营利的常设性机构，其存在的主要目的不是组织临时陈列，该机构应享有免交联邦和州所得税的待遇，向社会开放，由代表社会利益的机构进行管理，为社会利益而保存、保护、研究、阐释、收集、陈列具有教育和欣赏作用的物品及具有教育和文化价值的标本，包括艺术品、科学标本、历史遗物和工业技术制成品。符合前述定义的还包括具备上述特点的植物园、动物园、水族馆、天象厅、历史文化学会、历史建筑遗址等。"2012 年,美国博物馆协会更名为美国博物馆联盟,该联盟通过的《博物馆职业道德准则》中称:"博物馆通过收藏、保管和诠释这个世界上的事物为公众做出其特有的贡献……它们包括政府和私人经营的人类学、艺术史和自然历史博物馆,水族馆、树木园、艺术中心、植物园、儿童博物馆、历史遗址、自然中心、天文馆、科学技术中心和动物园……虽然它们的宗旨有所差别,但是它们非营利的组织形式和为公众服务的义务是相同的。"

1984 年,英国博物馆与美术馆委员会对博物馆下的定义为:"博物馆是为公众的利益而收集、记录、保护、陈列、阐释物质证据及相关信息的机构。"2002 年,英国博物馆协会发布的《博物馆职业道德准则》对博物馆下的定义则体现了观众自主学习、能动参与的特点,其具体表述为:"博物馆促使人们通过探索藏品获得灵感、进行学习和娱乐。它们是受社会所托收藏、保管人工制品和标本并向公众开放的机构。"

通过各国学者给博物馆下的定义可以看出,随着时代的发展和文化环境的变化,人们对博物馆在社会中的功能和作用越来越重视,也越来越强调博物馆与公众的关系。

3. 中国对博物馆的定义

随着博物馆事业的不断发展,受国际博协的影响,我国对博物馆的定义也在不断完善,其变化过程体现了我国对博物馆认识的不断深化。1956 年,全国博物馆工作会议提出了博物馆的三重基本性质和两项基本任务(简称"三性二务"),即博物馆是科学研究机关、文化教育机关、物质文化和精神文化遗存或自然标本的主要收藏场所,博物馆应坚持为科学研究服务、为广大人民服务。同时,这三项基本性质之间是不可分割的辩证关系。1979 年,国家文物局发布的《省、市、自治区博物馆工作条例》指出,我国博物馆是"文物和标本的主要收藏机构、宣传教育机构和科学研究机构,是我国社会主义科学文化事业的重要组成部分",强调的是对藏品的保护和管理,以及博物馆工作的规范化和专业化。1985年出版的《中国博物馆学概论》和1993年出版的《中国大百科全书　文物·博物馆》也持这种观点。

随着博物馆事业的发展，为了更准确地体现博物馆的性质和任务，2005年通过的《博物馆管理办法》，对博物馆的定义进行了调整："本办法所称博物馆，是指收藏、保护、研究、展示人类活动和自然环境的见证物，经过文物行政部门审核、相关行政部门批准许可取得法人资格，向公众开放的非营利性社会服务机构。"

2015年国务院第七十八次常务会议通过的《博物馆条例》对博物馆的定义又进行了修订，具体表述为："本条例所称博物馆，是指以教育、研究和欣赏为目的，收藏、保护并向公众展示人类活动和自然环境的见证物，经登记管理机关依法登记的非营利组织。博物馆包括国有博物馆和非国有博物馆。利用或者主要利用国有资产设立的博物馆为国有博物馆；利用或者主要利用非国有资产设立的博物馆为非国有博物馆。"

博物馆的定义是随着社会的前进、博物馆事业的不断发展，以及人们对博物馆认识的逐渐深化而不断发展的。博物馆定义的变化反映了博物馆承担着为社会和社会发展服务的责任，具有特定的工作对象和专业化的业务领域。

（二）博物馆的构成要素

一般意义上的博物馆通常由四个要素构成：一定数量的藏品，馆舍及其他硬件设施、设备，有基本陈列及持续向社会公众开放，掌握专业知识与技能的人才。

1.一定数量的藏品

藏品指博物馆收藏的有关历史、民俗、艺术、技术及自然科学等领域的各种资料，既包括物质资料，也包括非物质资料。博物馆藏品是博物馆开展业务的基础，藏品的质量和数量是对博物馆进行定级的重要标准，是衡量其社会作用的一个主要条件，也影响着博物馆的声誉。

2.馆舍及其他硬件设施、设备

作为社会文化机构的博物馆，必须有馆舍及其他硬件设备、设施，以保障博物馆的正常运行。博物馆馆舍必须能满足和适应博物馆的运作需求，安全是博物馆馆舍最根本的要求，展览厅、会议室、餐厅、卫生间等空间的设计与布置也应为博物馆的运作服务，在"形式必须服从功能"要求的基础上，建筑风格应与博物馆的位置与主题相协调。

3.有基本陈列及持续向社会公众开放

陈列展览是博物馆主要的业务活动形式，也是参观者评价博物馆的重要依据，有基本陈列并持续向公众开放是博物馆实现其基本功能的重要途径。只有根据社会需求和观众特点，利用藏品信息、视觉形象、空间环境等因素设计陈列，并吸引观众去参观，博物馆才能真正地为社会公众服务。有基本陈列及持续向社会公众开放是博物馆的重要构成因素之一。

4.掌握专业知识与技能的人才

博物馆的一切活动都是由具备博物馆专业知识的人才主持和管理的。人才是博物馆事业发展的关键，博物馆事业的发展最终取决于博物馆人才。博物馆的各种人才既包括博物馆的管理者，也包括经营、管理、研究藏品及开展社会教育的专业人员。首先，现代博物馆的发展需要具有现代经营管理理念的人才，管理者的行政能力、对外交往能力、专业素质直接决定了博物馆事业发展的成败。其次，博物馆社会功能的实现需要掌握博物馆学理论知识、具有创新精神和具备较强实践能力的各种专业人才。

二、博物馆的特征与功能

（一）博物馆的特征

所谓特征，是指可以作为人或事物特点的征象、标志等。博物馆是以文物或标本为基础、组成形象化的科学的陈列体系、对群众进行直观宣传教育的公共文化机构，其特征可表述为实物性、直观性、广博性与开放性。

1. 实物性

博物馆虽然也收藏非物质文化遗产，但实物仍然是博物馆一切活动的基础和出发点。"实物"既包含"自然物"，也包含各种"人工制品"，收藏和利用实物是博物馆的最基本特征。

2009年，美国学者康恩（S. Conn）提出"未来的博物馆还需要实物吗？"的观点，他认为科技手段的发展可以弥补"实物"的不足，甚至摆脱对"实物"的依赖。这种说法是片面的。虽然"实物"在陈列过程中能以各种各样的形式呈现出来，但是"物像"本身就是"物质"的一种表现形式，而且非物质文化遗产的收藏与展示也要借助科技手段。随着科技的进步和信息化技术的发展，博物馆的物质属性并不会发生改变，数字博物馆、虚拟博物馆及智慧博物馆等博物馆的出现，并不能改变博物馆的物质特征，博物馆的实物仍是其区别于其他文化形式的标志，未来的博物馆非但不可能离开物质，相反有必要更好地发掘物质的意义和价值。

2. 直观性

博物馆中的实物并不能直接发挥作用，必须在科学而完整的陈列体系中与观众进行交流，在呈现内容时借助视觉表达手段，向观众输送多元化信息。博物馆实物以文物、标本为主，辅以模型、图表等，比其他文字资料和图片资料更直观、更生动，也更有吸引力，更有助于强化观众的记忆。所以直观性是博物馆的又一特征。随着现代科技在展陈工作中的应用，观众不仅能从多个角度观察藏品,还可以通过亲自操作、实验等方式,获得身临其境的体验。

3. 广博性

随着社会的发展,博物馆呈现出多元化的发展趋势,博物馆的藏品不断丰富,涉及文物、艺术、科技、自然等多个方面,不论是文物,还是日常用品,不论是物质文化,还是非物质文化,不论是标本,还是活物,都是博物馆收藏和研究的对象;博物馆类型不断增多,专门性博物馆大量涌现,并且出现了许多新形态的博物馆。由此可见,广博性是博物馆区别于其他文化机构的显著特征,并且随着社会的发展,这个特征将日益显著。

4. 开放性

博物馆的开放性不仅体现在对公众的开放上,还体现在对社会的广泛关注以及与观众的交流互动上。博物馆在开展陈列活动之前要进行调研,明确目标观众群,确立陈列活动的定位;在设计陈列活动的过程中,要接受观众有代表性的优化建议,考虑观众的特点,选择适宜的知识背景和语言表达方式;在陈列活动开展阶段,要欢迎观众进入陈列场所,允许其基于自身的知识水平解读陈列内容,鼓励观众将参观成果转化为有利于个人发展的资源和动力,并收集、整理观众的反馈意见,对陈列效果做出科学评价。

(二)博物馆的功能

西方博物馆学界对博物馆的功能有诸多看法。20世纪70年代,曾任美国博物馆协会主席的诺贝尔(J. V. Noble)在《博物馆宣言》中提出博物馆的五大功能,即收藏、保存、研究、解释、展览。20世纪80年代,有学者把博物馆的功能概括为"3E",即教育国民(educate)、提供娱乐(entertain)、充实人生(enrich)。荷兰学者孟石(P. Van Mensch)认为博物馆具有三种功能,即保存、研究、交流。

我国对博物馆功能的认识始于20世纪初,南通博物苑的创办者张謇认为博物馆的社会价值是"留存往迹、启发后来""为政治、学术参考之大部以补助于学校者",该观点体现了中国博物馆人对博物馆功能的最初认识。20世纪30年代,杨钟健提出博物馆的"三使命"为搜集、研究、保存陈列。20世纪40年代,曾昭燏等在《博物馆》一书中提出了四大功用说,即保存有价值的物品、辅助研究工作、实施实物教育、实施精神教育。20世纪50年代,"三性二务"的表述中,博物馆的功能为科学研究、文化教育、收藏。还有一些研究者把博物馆的功能总结为收藏、宣传教育、科学研究。在此基础上,王宏钧在其所著的《中国博物馆学基础》一书中提出,收藏、研究、教育是博物馆的基本功能,该理论反映了博物馆工作的主要内容。姜涛、俄军编著的《博物馆学概论》亦持相似看法,并指出当代博物馆兼具信息中心、公共交流、休闲娱乐和文化象征等功用,该理论是对博物馆基本功能的扩展和延伸。博物馆的功能随着社会的演进和博物馆自身的发展而不断发展,笔者认为,现代博物馆已发展成一个多功能的社会公共文化设施,当前博物馆的功能可表述为:收藏、保管,科学研究,教育,娱乐。

1.收藏、保管功能

博物馆最初的功能就是收藏珍品,中国自古就有收藏书画、彝器、古玉、玺印的活动。在古希腊、古罗马等文明古国,贵族收藏奇珍异宝的活动是现代博物馆产生的基础。藏品是人类文明的重要见证,是博物馆工作的核心与基础,收藏、保管是博物馆的首要功能,也是最基本的功能。

随着社会的发展,目前博物馆收藏、保管的对象已不限于珍贵文物与艺术品,还涉及人类和人类生存环境的各种见证物,既包括物质文化遗产,又包括非物质文化遗产。只有博物馆能最广泛、最全面地保存人类活动和自然发展的真实物证,并将其永久地留给后人——这是博物馆特有的功能。

博物馆获得藏品的主要途径有:文物征集,获得馈赠和遗赠,从私人收藏家那里或拍卖会上购买藏品,田野考古发掘和调查等。

2.科学研究功能

博物馆最初的研究主要是针对藏品本身的基础研究以及应用性研究,只有对大量藏品进行深入研究,才能揭示其所具有的历史价值、艺术价值和科学价值，明确主题、挑选藏品、设计展览与撰写解说词等过程都需要进行科学研究，可以说，研究工作贯穿博物馆工作的全过程。随着社会的发展，博物馆作为全民共享的文化机构，其研究对象已不再局限于藏品本身，而是扩展到博物馆实践以及博物馆公众研究等方面。

博物馆科学研究的目的是提供"社会利用""展览""教育普及"服务，只有达到较高的研究水平，才能保证博物馆各项工作的质量，许多著名的博物馆不仅藏品丰富，同时也是重要的学术研究阵地。一些博物馆为了加强研究，还专门设有研究部门并主办学术刊物，如中国国家博物馆设有学术研究中心，故宫博物院设有故宫研究院，河南博物院设有研究部等。

3.教育功能

教育作为博物馆的基本功能之一，是收藏、研究功能的延伸与拓展。博物馆对外开放后，观众走进博物馆，通过观看展览受到教育与启发。博物馆教育的对象为社会的全部成员，从儿童到老人，从一般群众到残疾人，从国内观众到外国旅游者，从个人到团体，博物馆都对他们开放。博物馆不仅是学校的第二课堂，也是家庭教育和社会教育的第 N 个课堂，人们可以自由地出入各个陈列室，通过参观展览、参与博物馆的各项活动，学习科学文化知识。

博物馆的教育方式较为生动，可运用大量的文物标本、模型等实物资料，作用于观众的感官。无论是从人的生理机能来说，还是从人的认知过程来说，这样的方式都会使观众感到亲切，易于接受和理解。此外，博物馆还可通过提供讲解服务、开展公众讲座和丰富多彩的文化活动等方式，来加深观众对博物馆陈列的理解。

2007 年，国际博协对博物馆的定义进行修订，将"教育"功能调至首位。2015 年，我国《博物馆条例》正式颁布，借鉴了国际博协对博物馆下的定义，亦将教育功能的地位进行了提升，虽然只是顺序的调整，但这表明了博物馆学界对博物馆认知水平的提升以及对社会责任的强调。国家文物局近年来开展的对博物馆的评审工作，也提高了教育功能的地位，博物馆观众研究越来越受重视，从以藏品为中心到以观众为中心，是博物馆发展的趋势和潮流。

4.娱乐功能

美国人类学家博厄斯（F. Boas）在 20 世纪初就提出过关注博物馆娱乐功能的观点，他认为"不能忽视博物馆作为公众娱乐场所的价值……有很多观众在博物馆这种健康而充满生气的环境中获得了享受闲暇时光的机会"。无论是儿童还是成年人，教育与乐趣都是紧密联系在一起的。

随着博物馆的发展，国内的学者也逐渐认识到博物馆娱乐功能的重要性。苏东海在《博物馆演变史纲》一文中指出："在文化生活高档化趋势下，一个值得重视的现象就是文化娱乐的需求。在工业社会紧张喧嚣的生活中闲暇时间是很宝贵的。高尚的文化娱乐活动是休息和积蓄精神再生产能力的积极方式。博物馆是提供高尚文化娱乐、培养生活情趣、满足美感要求的场所，博物馆应该强化这方面的职能。"

随着博物馆的免费开放，博物馆已成为公众进行休闲娱乐活动的必选场所，博物馆与文化创意、旅游等产业的结合也越发紧密；参观博物馆也被提上旅游的重要日程，许多博物馆成为旅游热门景点。这是博物馆面临的机遇与挑战，一方面，博物馆的陈列设计要融入休闲娱乐的文化元素，使专业知识通俗化，向观众提供趣味性强的展览物；另一方面，要积极开展各种具有吸引力的欣赏娱乐活动。

而且，博物馆教育功能的实现，在很大程度上取决于观众的自发行为（自觉地走进博物馆）。众多调查和研究结果表明，出于娱乐目的参观博物馆的观众在数量上远远多于以接受教育为目的的观众，因此现代博物馆既要重视教育，也应关注观众的娱乐性需求，吸引观众，"寓教于乐"，使观众在接受教育的同时又能获得愉悦、新奇、惬意等娱乐性体验。值得注意的是，博物馆娱乐功能的发挥必须以博物馆的藏品为基础，以教育为最终目的，博物馆并不是纯粹的娱乐机构。

三、博物馆的类型

博物馆的类型主要是由博物馆的藏品决定的，博物馆类型的变化，是博物馆事业不断发展的结果。

（一）类型划分的意义

博物馆的类型，就是根据博物馆各自的性质、特点而划分出来的具有共同特征的博物馆所形成的类别。《中国博物馆学基础》一书提出，所谓博物馆类型，就是指一定数量的博物馆依据某种共同的标准相互联系所形成的类别。

就整体的性质、特点和基本任务而言，博物馆与其他社会文化教育机构是有所区别的。但是，即便是具有共同的基本性质和特征的博物馆，也并不都是完全相同的，这就产生了博物馆类型划分问题。

科学地划分博物馆的类型，对博物馆事业发展和博物馆具体工作的开展均有着积极的现实意义和深远的历史意义：第一，有利于深刻认识和把握博物馆自身的特点和工作规律；第二，有利于明确各类博物馆的专业方向；第三，有利于博物馆事业合理布局和科学发展；第四，有利于博物馆开展学术交流活动。

（二）类型划分的依据

博物馆类型的划分，是博物馆学研究的新课题。依据不同划分方法划分出来的类型也会有所不同。1985年出版的《中国博物馆学概论》提出了两个划分的依据：一是以藏品性质和博物馆所反映的内容来划分；二是以兴办博物馆的目的并结合藏品的性质来划分。1993年出版的《中国大百科全书 文物·博物馆》也提出了博物馆类型的划分依据：一是博物馆藏品、展出、教育活动的性质和特点；二是经费来源和服务对象。

新时期，我国博物馆事业快速发展，博物馆数量快速增加，博物馆类型划分依据有了新变化。例如，依据兴办主体来划分，可将博物馆划分为国立博物馆、私立博物馆、民营博物馆、企业博物馆、行业博物馆等；依据形态来划分，可将博物馆划分为传统博物馆、生态博物馆和社区博物馆等；依据展示方式来划分，可将博物馆划分为室内博物馆、露天博物馆、遗址博物馆等。

（三）具体类型

随着博物馆事业的不断发展，博物馆的类型越来越丰富，传统的类型划分方法已经不能充分反映博物馆的实际情况，也无法满足博物馆事业发展和高度发达的信息时代的需要，应重新进行划分。笔者根据我国博物馆事业发展的实际情况，并结合长期类型划分实践过程中形成的习惯，大致将博物馆划分为以下几类：

1. 历史类

收藏、研究历史文物藏品，并以展示和反映古代历史的发展过程、发展规律等为主要内容的博物馆，如陕西历史博物馆、河南博物院等。

2. 革命史类

收藏、研究近现代历史文物藏品，并以展示和反映近现代历史发展进程等为主要内容的博物馆，如中国人民革命军事博物馆、井冈山革命博物馆等。

3. 纪念类

以收藏、研究、展示历史事件、历史人物等方面的文物藏品为主要内容的博物馆，包括纪念馆和名人故居，如中国人民抗日战争纪念馆、"九·一八"历史博物馆、韶山毛泽东同志纪念馆等。

4. 遗址类

在考古发掘遗址原址上和古建筑旧址上建立的博物馆，前者以收藏、保护、研究和展示该遗址发掘出土的文物和各种遗迹等为主要内容，后者以收藏、保护、研究、展示古建筑旧址及其内部原有物品为主要内容，是以原状复原陈列和模拟复原陈列等为主要内容的博物馆。此类博物馆包括考古遗址博物馆、古建筑旧址博物馆，如西安半坡博物馆、沈阳新乐遗址博物馆等。

5.文化、文体艺术类

收藏、研究文化、文体艺术类藏品，并以展示和反映文化、文体艺术发展演变过程和规律等为主要内容的博物馆，如徐悲鸿纪念馆、中国体育博物馆、南京奥林匹克博物馆等。

6.民族类

收藏、研究民族文物藏品，并以展示和反映各少数民族的历史发展过程和规律等为主要内容的博物馆，如广西民族博物馆等。

7.民俗类

收藏、研究民俗文化类藏品，并以展示和反映各民族民俗文化、特色民俗等为主要内容的博物馆，如年画博物馆、关中民俗艺术博物院等。

8.宗教类

收藏、保护、研究宗教文化类藏品，并以展示和反映宗教文化的发展过程及其发展规律等为主要内容的博物馆，如敦煌市博物馆等。

9.自然类

收藏、研究自然地质类藏品，并以展示和反映各地区自然史，天文、地质、生物资源，以及人类的发展过程及发展规律等为主要内容的博物馆，如中国地质博物馆等。

10.科技类

收藏、研究科学技术类藏品，并以展示和反映科学技术的发展过程和发展规律等为主要内容的博物馆。此类博物馆包括科学技术博物馆，如中国科学技术馆、北京航空航天博物馆、自贡市盐业历史博物馆等。

11.专门类

收藏、研究某一专题类藏品，并以展示和反映某一专题类藏品的发展过程和变化规律等为主要内容的博物馆。此类博物馆包括各种专题博物馆（如西安碑林博物馆）、行业博物馆（如长影旧址博物馆）、高校博物馆（如四川大学博物馆）、非物质文化遗产博物馆（如各地的酒文化博物馆、昆曲艺术博物馆）等。

12.地志综合类

收藏、研究地方社会历史和自然类藏品,并以展示和反映地方自然和社会历史文化艺术综合发展历程等为主要内容的博物馆。此类博物馆包括省级地志博物馆和地市级地志博物馆,如黑龙江省博物馆、山东博物馆、新疆维吾尔自治区博物馆、西藏博物馆等。

随着博物馆事业的不断发展,博物馆的类型也会不断增加。博物馆类型的扩展,主要表现为博物馆类型的丰富,以及博物馆类型划分依据的增多。博物馆类型的增加,反映了博物馆事业的发展。

第二节　博物馆学

博物馆学是随着近代博物馆的产生和发展而逐步兴起的一门年轻学科。在博物馆学的形成和发展过程中,虽然各国学者和组织对其概念、性质、研究对象、理论架构、研究方法和相关学科、研究意义等进行了长期、深入的探讨,并取得了众多颇有见地且影响广泛的成果,但囿于博物馆学研究的复杂性,迄今为止,仍未形成为学界所公认的清晰、稳定的学科体系。即便如此,依然有必要将博物馆学的研究历程和现有理论成果展示给大家,以便让更多对博物馆和博物馆学感兴趣的读者,对这门尚不成熟的或者说正在形成的学科有所了解。同时,也衷心地希望通过对历史的回顾、总结和对现实的学习、思考,为各界有志于此道者提供必备的基础和参考,进而激发其潜在的创新能力,共同推动博物馆学研究和建设,争取尽快构建系统化、理论化的博物馆学学科体系。

一、博物馆学的基础理论

（一）博物馆学的概念及研究对象

1.博物馆学的概念

目前，国际上比较常见的博物馆学概念是国际博协于20世纪70年代初提出的，即博物馆学是关于博物馆的科学。博物馆学主要研究博物馆的发展历史和背景、博物馆在社会中的作用、藏品保护、教育和管理的组织形式、博物馆与自然环境的关系以及博物馆的分类等。

我国博物馆学者在广泛学习和借鉴国外有益研究成果的基础上，结合博物馆学研究的实际情况，对其概念进行了归纳总结。一些学者认为，博物馆学是一门研究具有信息价值的有形和无形资料的机构化、专业化和社会化的科学。我国1993年出版的《中国大百科全书 文物·博物馆》明确了博物馆学的概念：博物馆学是研究博物馆的性质、特征、社会功能、实现方法、组织管理和博物馆事业发展规律的科学。本书认同《中国大百科全书 文物·博物馆》对博物馆学的解释，并在此基础上展开相关研究。

2.博物馆学的研究对象

确定研究对象是确立博物馆学学科地位和构建博物馆学学科体系必须解决的基础和核心问题。

国外博物馆学界对博物馆学研究对象（知识对象）的认识大致如下：

第一，国际上多数博物馆工作者和博物馆学者认为博物馆学的研究对象就是博物馆的目的及其组织。

第二，包括拉兹冈（A. M. Razgon）、门施（P. von Mensch）在内的一些博物馆学者主张，博物馆学是对保护和使用自然和文化遗产的一系列行为进行研究的学科。

第三，一些博物馆学者提出应将博物馆"物"作为博物馆学的研究对象。

第四，捷克的博物馆学家斯特兰斯基（P. Stransky）则提出把"博物馆真实"作为博物馆学的研究对象。

第五，斯特兰斯基还提出要将人类与现实之间的特殊关系作为博物馆学的研究对象，而且这种说法得到了一些博物馆学者的认同，也在国际博物馆学界产生了较大影响。

第六，不少当代博物馆学者也支持把全部人类遗产作为博物馆学的研究对象。

我国多数博物馆学者则认为，博物馆学的研究对象是保存、研究和利用自然标本和人类文化遗存，以进行社会教育的理论和实践，包括博物馆事业发生、发展的历史及其与社会的关系，也包括博物馆社会功能的演进、内部机制的运营和相互作用的规律。

本书认为，博物馆学的研究对象就是博物馆的本质、目的、功能、特征及其与社会的关系，博物馆的类型以及各级各类博物馆之间的关系，博物馆的起源、产生和发展，博物馆的藏品、科研、陈列、观众、建筑、组织管理、人才培养等各项工作及其相互关系。

（二）博物馆学的学科性质与定位

博物馆学是一门具有很强的跨学科性和实践性的社会科学。

博物馆学的社会科学性质是由博物馆学的研究内容、任务以及所涉及的知识领域和研究方法共同决定的。首先，博物馆学是把博物馆、博物馆各项工作以及博物馆与经济基础和其他上层建筑的关系作为主要研究内容的。博物馆作为客观存在的社会现象，无论是包括其历史、含义、功能、特征和类型在内的基本理论，还是收藏保护、科学研究和陈列教育等业务工作的程序、方法和原则，抑或是对其建筑设备、组织管理和人才培养特点的探索总结，无不以社会和公众的需求为导向，并受到政治、经济、军事、文化等诸多社会条件的影响和制约。其次，博物馆学的任务就是研究和总结博物馆理论和实践，揭示博物馆产生、发展的客观规律，以及制定博物馆各项工作的基本原则，以确保博物馆事业科学、健康、持续、稳定地发展，从而更好地实现其社会效益，有力地推动人类和社会的进步。最后，在进行博物馆学研究的过程中，虽然会涉及一些自然科学领域的知识，也会运用诸如实验法等自然科学的研究方法，但整体而言，主要还是在运用社会科学领域的知识成果和研究方法。因此，国际博物馆学界普遍将博物馆学归入社会科学的研究范畴。

虽然博物馆学属于社会科学的范畴，但却具有很强的跨学科性和实践性。博物馆学作为一门新兴的学科，其研究对象和内容的复杂性，决定了它只有吸收和借鉴诸多相关学科的研究成果和方法，才能不断发展和完善。所以说，博物馆学有着很强的跨学科性。同时，它也是一门具有很强实践性的学科。博物馆学的产生、发展都与博物馆的实践以及社会的需求息息相关。一方面，博物馆学的理论来源于博物馆实践和相关的社会需求；另一方面，博物馆学的理论必须接受博物馆实践的检验，只有那些被证明科学有效的博物馆学理论，才能正确指导博物馆的工作。因此，也可以说，博物馆学的发展永远无法脱离博物馆实践的发展和不断变化的社会需求。

国内外博物馆学界尽管已经普遍认可了博物馆学的社会科学性质，但对它在现代科学体系中的定位却依然存在争议。有的学者认为博物馆学应从属于管理学，也有的学者认为应把它作为教育学的分支，还有的学者认为应将其归入传播学的范畴。目前，我国现行的学科分类体系则是将博物馆学作为历史学的分支学科来看待的。这种局面的形成与我国独特的社会历史和现实状况密切相关。

中国作为一个具有悠久历史和灿烂文化的文明古国，首先，拥有大量珍贵的可以用来传承历史文化、体现华夏文明的文物和古迹。其次，从古至今，无论是官方还是民间，一直都有收藏和研究古物珍品的传统。最后，20世纪以来，特别是抗日战争和解放战争之后，国家对国民进行民族主义和爱国主义教育的要求日渐迫切。因而，把历史文物和遗存作为主要藏品与展品的历史类博物馆迅速发展，成为中国博物馆的主体。

中华人民共和国成立后，历史类博物馆无论是在数量上还是在规模上都在中国的博物馆体系中占据着绝对优势，再加上还有为数众多的散落在外的历史文物和遗迹亟须保护和管理，因此国家文物局便被确定为全国文物和博物馆事业的行政主管部门。在国家文物局的领导下，不但文物工作和博物馆事业的联系变得更加紧密，而且历史类博物馆也继续保持着强劲的发展态势，主体地位日渐强化。

在这种情况下，我国绝大多数博物馆的工作人员，无论是领导还是普通员工，为了能够胜任自己的工作，都必须接受以历史学为主的职业培训。高等学校的历史院系便义不容辞地承担起了培养博物馆专业人才和从业人员的重任，有些院校还设立了博物馆学专业，专门负责博物馆学的教学和研究工作。

综上，在我国现行的学科分类体系中，将博物馆学定位为历史学的分支学科，确实是中国特色博物馆与博物馆学发展的必然要求。

（三）博物馆学的理论架构

博物馆学的理论架构，也被称为博物馆学的理论体系。对博物馆学理论架构的学习和探讨，不仅能帮助我们更加准确、全面地认识博物馆学的研究内容，而且在发展、完善博物馆学和构建系统、科学的博物馆学学科体系等方面都具有重要作用。

关于博物馆学的理论架构，许多国家的博物馆学者都曾提出过自己的见解。例如，有美国博物馆学者认为，博物馆学应包括普通博物馆学、专门博物馆学和应用博物馆学（博物馆技术学）；西欧的博物馆学者也大多同意将博物馆学划分为普通博物馆学、应用博物馆学、专门博物馆学和博物馆工作；日本的鹤田总一郎则认为，博物馆学学科体系应包括个体博物馆学、博物馆分类学、结构形态博物馆学、功能博物馆学、专门博物馆学、群体博物馆学、社会博物馆学和博物馆管理；苏联博物馆学者历来主张将博物馆学分为理论、历史和实际工作三大部分；斯特兰斯基也提出博物馆学应当由历史博物馆学、理论博物馆学和实用博物馆学构成；我国博物馆学界比较常见的观点则是将博物馆学分为理论博物馆学、历史博物馆学、博物馆技术学（博物馆方法学）、博物馆管理学、普通博物馆学和专门博物馆学。

目前，在总结和借鉴上述博物馆学理论架构研究成果的基础上，当代博物馆学已经初步确立了由普通博物馆学（一般博物馆学）、应用博物馆学和专门博物馆学组成的理论体系。

普通博物馆学（一般博物馆学）集中探讨的是博物馆学和博物馆的基本理论，主要包括：博物馆学的概念、研究对象、学科性质、方法论、理论架构及其与相关学科的关系；博物馆学研究史；博物馆的定义、功用和特征，以及博物馆与自然和人类社会的关系；博物馆的类型划分；博物馆的发展历程及规律。由于普通博物馆学是将全体博物馆的共性作为研究对象，因此它的理论几乎适用于所有博物馆，研究成果也具有普遍适用性。

应用博物馆学侧重对博物馆实际工作程序、方法和原则的研究。依据研究的具体内容，又可以将其细分为以下几类：以藏品的征集、鉴选、分类、登录、编目、保护、修复、科研等工作为主要研究内容的藏品管理学；研究陈列展览的类型、特点、组织原则、作业流程和各要素设计等的博物馆陈列学；以博物馆教育的特征、理念、内容和方式，以及如何更好地为观众和社会服务为主要研究内容的博物馆教育学；从宏观上研究博物馆事业的国家或地区发展规划和管理制度，从微观上研究博物馆内部职能、机构组织、人员配备、财政收支、安全运营等管理体制和方法的博物馆管理学；将博物馆建筑的历史、特点、功能、设计和养护原则等作为主要研究内容的博物馆建筑学。

专门博物馆学则是指将一般博物馆学的理论和工作方法应用于某些专门博物馆领域所形成的学科。依据重点关注博物馆领域的属性，专门博物馆学又可细分为民族博物馆学、遗址博物馆学和生态博物馆学等。由于专门博物馆学的研究范围是特定的，因此它的研究成果不但具备一般博物馆学理论和工作方法的共性，还能体现特定研究领域的鲜明个性。

（四）博物馆学的研究方法和相关学科

1.博物馆学的研究方法

博物馆学的研究方法是博物馆学学科体系建设的重要组成部分。要研究和发展博物馆学，就必须确立科学、高效的研究方法。而科学、高效的博物馆学研究方法的确立，不仅要考虑到博物馆学研究对象的复杂性和多样性，还要注意与博物馆事业的发展和博物馆学研究的实际状况相结合。与此同时，还必须密切关注博物馆学相关学科研究方法的更新情况，以便对已有研究方法进行改进，使其日趋完善。目前，我国的博物馆学研究主要是在马克思主义哲学即辩证唯物主义和历史唯物主义的指导下，运用归纳法、演绎法、历史法、实验法、调查法、统计法、比较法等常用的科学研究方法，以及理论联系实际、因果分析、功能分析、动机分析等思维方式而进行的。在合理地选择、运用这些研究方法和思维方式进行博物馆学研究的过程中，我国博物馆学者还在不断吸收和借鉴系统论、控制论和信息论等新兴的研究方法，并希望在此基础上建立能够真正体现博物馆学自身特点的独立的研究方法。

2.博物馆学的相关学科

博物馆学是一门涉及面很广的学科，它与自然科学、人文社会科学和工程技术科学领域的诸多学科都保持着紧密的联系。

具体而言，在自然科学领域，与博物馆学密切相关的学科主要包括地质学、生物学（动物学、植物学和微生物学）、气象学、光学、物理学和化学等。地质学和生物学知识可以为博物馆搜集、鉴定、保管、研究和陈展自然类藏品提供帮助；气象学和光学可以应用在博物馆的藏品保护以及陈列和建筑设计方面；物理学和化学则不仅能帮助我们进行藏品的鉴定、保护、修复与研究，还能为相关的陈列展览提供理论依据。

在人文社会科学范围内，与博物馆学关系密切的学科主要有历史学、艺术学、哲学、教育学、心理学、社会学、公共关系学、经济学、管理学、法学和目录学等。历史学和艺术学既可以帮助我们判断文物古迹等藏品的年代及其历史和艺术价值,又能为陈列布展和科学研究提供丰富的背景知识与资料。其中,历史学还可用于研究博物馆学和博物馆发展史;哲学则可以有效地帮助和指导博物馆与博物馆学基本理论的发展和完善;教育学和心理学在博物馆学研究中的应用,不仅有利于增强陈列展览的科学性和适应性,还能帮助博物馆和博物馆学研究者更加深入地了解观众,更好地发挥博物馆社会教育的作用,进而吸引更多观众,创造更多的社会效益和经济效益;社会学和公共关系学则主要用于研究博物馆与人类社会各方面的关系;博物馆宏观经济策略和微观经济策略的制定和实施都会用到经济学的知识;管理学介入博物馆学研究领域,不但有利于整个博物馆事业管理体制的完善及运作效率的提高,而且对于博物馆各项业务工作的高效运行都能起到有力的推动和促进作用;在征集和运输、陈列展览博物馆藏品等工作中也需要了解相关的法律知识;目录学则既可以帮助博物馆更好地开展藏品的分类、编目和登录等工作,又能为博物馆内部和社会公众创造良好的科研条件。

在工程技术学科方面,建筑学、冶金学、陶瓷学、纺织学、计算机与通信技术等学科也都与博物馆学联系密切。其中,建筑学在博物馆的建筑设计和古迹的保护、修复等方面能得到广泛的应用;而包括冶金学、陶瓷学和纺织学等在内的各类专业技术学科则可用于博物馆对应藏品的鉴定、保护、修复、研究和陈列布展等工作;计算机与通信技术在博物馆藏品的登录管理、提升博物馆对观众的吸引力、基础设施的功能提升和便捷管理,甚至数字博物馆学的发展等方面也都发挥着重要的作用。

除上述相关学科外,博物馆学与生态学、天文学、地理学、体质人类学、政治学、民族学、民俗学、宗教学、语言学、传播学、旅游学、电子学、人类工程学等学科也有一定的联系。这也充分证明博物馆学确实是一门具有很强跨学科性的科学学科。不仅如此,随着现代科学技术的飞速发展,与博物馆学相关的先进科技成果和方法正在被日益广泛地引入博物馆的各项工作和博物馆学的研究当中,博物馆学与许多新兴学科的关系也势必随之日渐紧密。

总而言之,博物馆学作为现代科学体系中的年轻成员,与其他相关学科的关系是相互影响、相互渗透、相互补充的。一方面，博物馆学需要吸收和借鉴其他相关学科的研究成果和方法，以促进自身的发展和完善；另一方面，博物馆学本身的研究成果，也能在某些方面为其他相关学科带来启示，并为它们提供新的研究课题。因此，在构建博物馆学学科体系的过程中，不仅要注重博物馆学自身的丰富和完善，还应密切关注其他相关学科的最新动态。只有这样，才能使博物馆学与其他相关学科和谐发展，共同进步。

（五）博物馆学研究的意义

在世界范围内积极开展对博物馆学的研究和学习，对于博物馆事业的发展和人类社会的进步而言，都具有重大的理论和现实意义。

首先，博物馆学研究不仅能将博物馆及其各项工作的实践理论化，还能通过反复论证使之不断科学化、系统化。例如，包括博物馆的含义、构成要素、特征、功用、类型和发展历程以及博物馆学的概念、性质、研究对象和方法、分支和相关学科、研究意义、历史和现状等在内的现有博物馆与博物馆学的基本理论，以及关于博物馆收藏保护、陈列展览、科学研究、建筑设计和组织管理等工作的程序、方法和原则，都是在对博物馆及其相关工作的实践进行研究之后才得到的。它们既是博物馆学研究取得的成果，也是建立科学、系统的博物馆学学科体系的理论基础，还可以为相关学科的丰富和发展提供素材。

其次，通过博物馆学研究，可以有效地协调、规范和指导博物馆的各项工作，提高博物馆服务大众、服务社会的能力，进而有力地推动博物馆事业健康、持续地发展。具体而言，一方面，博物馆内不同业务部门的工作观念和思维方式具有其自身的职业特点，因此在需要协同配合时往往会有分歧。博物馆学则可以利用研究所得的明确观点和共同原则将不同部门的认识统一起来，从而有效地化解实际工作过程中存在的各种矛盾，使各业务部门之间的联系更加密切，实现博物馆内部各种资源的整合。另一方面，博物馆学研究也可以发现并解决许多博物馆在实际工作中存在的问题，从而使博物馆各工作环节越来越规范化、专业化。例如，通过对藏品管理的研究就可以看出，其实目前国内外博物馆学界仍未就藏品的分类、编目和定名形成统一的方法和原则,还需要博物馆学界就此展开深入研究,最终形成规范化的分类方法、编目方法和定名方法;通过对陈列布展的研究,我们不仅可以发现原有陈列布展方法和设计观念中存在的陈展方式单一、陈列密度欠佳、照明设计不当以及色彩搭配不协调等不利于观众参观的因素,还能带给我们多样化陈展和专业化设计的全新理念;对博物馆建筑设备的研究,则有助于我们克服建筑设计中出现的盲目性,改正设备管理工作中存在的不良习惯,进而规范建筑的结构设计、功能提升以及设备的养护、管理等方面的工作,使建筑设计和设备管理更加科学化。不仅如此,利用博物馆学研究取得的成果还能有力地指导包括藏品征集、鉴选、保护、使用、研究以及机构设置、运营管理等在内的博物馆各项工作,不断提高博物馆的核心竞争力,全面推动其现代化发展。

最后,对博物馆学的研究和学习,既可以帮助博物馆更加深入、细致地了解自身和观众的特点,又能帮助社会公众更为科学、全面地认识博物馆。现代博物馆学不仅对博物馆的本质有着更加深刻的认识,还对博物馆的观众及其需求有着更为细致的了解。正因如此,当代博物馆往往竞相利用博物馆学的研究成果,竭力为观众营造舒适的参观环境,呈现既有趣味性又有知识性的陈列展览,提供热情周到的服务,希望借此吸引更多的观众走进博物馆,了解博物馆,甚至爱上博物馆。

与此同时,持续地对博物馆学进行深入研究,也可培养更多的博物馆学专业人才,更加有力地向社会公众普及博物馆学知识,让社会公众关注博物馆的发展,让博物馆与人类社会的关系更密切,进而达到提高博物馆事业社会地位、促进博物馆事业健康发展、推动人类社会进步的目的。因此,也可以说,只有形成博物馆学研究与人类社会发展双向互动、和谐共进的良性循环局面,才能最终实现博物馆为人类社会及其发展服务的目的。

二、博物馆学研究的历史及其进展

虽然现代博物馆学的产生是比较晚的事，但随着博物馆的产生和发展，零星的、不系统的，具有博物馆学研究性质、属于现代博物馆学研究范畴的现象，却早已出现。例如，有博物馆学者就提出，最早的博物馆学著作可以追溯到巴比伦王宫的藏品目录，它可能也是最早的博物馆指南。我国博物馆学界则认为，可以将中国古代的文物收藏与研究视为中国博物馆学的源头。因此，从这个角度来说，国内外的博物馆学研究都可谓源远流长。

事实上，同其他许多学科一样，博物馆学的研究也是从描述记录开始的。16世纪至19世纪上半叶，西方就已经出现了不少描述博物馆发展状况、探讨博物馆藏品分类和总结博物馆工作方法的论著。例如，1565年，博物学家奎奇伯格（S. Quiccheberg）就在德国慕尼黑发表了有关博物馆的研究文章，提出了藏品分类的设想。1656年，著名的《特拉德斯坎特博物馆目录》在伦敦出版。1727年，德国汉堡的收藏家尼克利乌斯则在莱比锡出版了最早涉及博物馆工作的综合性著作《博物馆实务》。书中不仅将博物馆定义为"贮藏珍奇、自然艺术和理性物品的房间"，而且分别就藏品的分类、管理和补充以及陈列方法等技术问题展开了论述。也正因为如此，"博物馆志"一词在西方先于"博物馆学"而出现。1837年，克莱姆（G. F. Klemm）出版了第一部关于博物馆史的论著——《论德国科学和艺术藏品的历史》。尽管当时人们对博物馆的认识还比较原始，主要停留在对一般经验的直观描述上，尚未从理论上予以抽象概括，而且研究也更多地集中在藏品的分类、保护以及陈列方法等技术工作方面，但毫无疑问，它们都是早期博物馆学研究的有益尝试。

19世纪下半叶，随着科技和社会的进步以及博物馆事业在众多国家的蓬勃发展，人们迫切需要对博物馆进行更为深入、全面的认识，正是在这种背景下，酝酿已久的"博物馆学"诞生了。最早将用于学科名称的"学"这一后缀与"博物馆"一词联系在一起的是英国人格拉瑟（J. Glasser）。"博物馆学"的提出及使用充分反映了研究者们试图跻身近代科学殿堂的愿望。

从 19 世纪后期到 20 世纪初，欧美各国相继出版了一些博物馆理论研究方面的著作。其中就包括美国早期博物馆学者古德（G. B. Goode）的著述，他在史密森尼学会第一任会长亨利（J. Henry）的影响下，陆续撰写、发表了包括《博物馆历史和历史博物馆》《未来的博物馆》及《博物馆管理原则》等在内的一系列关于博物馆历史及其管理的论著，系统论述了博物馆在传播科学知识、提高人们知识水平、促进社会进步等方面所具有的重要作用。而且从古德的《博物馆管理原则》中，我们还可以了解到，爱德华兹（E. Edwards）在 19 世纪中叶发表了《论公共艺术馆和博物馆的维持和管理》和《博物馆在教育上的应用》两篇文章，杰文斯（W. S Jevons）教授也在 1881 年发表了《博物馆的利用和滥用问题》一文，这些都属于较早用英文撰写的博物馆学研究论文。

当时，英国博物馆学者莫里（D. Murray）的研究成果也比较引人注目。莫里是格拉斯哥考古学会的主席，访问过欧美许多国家的博物馆，经过 30 年的积累，于 1904 年出版了三卷本的博物馆学研究论著《博物馆的历史及其在教育中的作用》，这部著作为我们提供了大量珍贵的历史文献资料。此外，这一时期的博物馆学著作还有日本人高山林次郎编写的《博物馆论》和美国博物馆协会（现为美国博物馆联盟）组织编写的《博物馆的目的与方法》。上述著述意味着博物馆学正在摆脱其原始的描述记录阶段，而开始逐步发展成为一门独立的学科。

此时，中国的有识之士也已经对西方的博物馆有所认识。在此基础上，国人不仅独立建立了第一座具有现代意义的博物馆——南通博物苑，还开始关注博物馆和博物馆学研究，并就博物馆的建设和发展问题提出了许多自己的见解。其中，张謇、蔡元培、陈宝泉等都可以视为促成中国博物馆学萌发的先驱。张謇结合自己创立南通博物苑的实践，对包括博物馆的性质、职能以及具体作业方式等在内的诸多问题进行了精辟的论述。蔡元培认为教育也是博物馆的重要功用。陈宝泉在其撰写的《天津教育品陈列馆议绅陈宝泉上周总办意见书》中，讨论了陈列馆的展品分类、陈列美学和建筑设计等博物馆理论问题。这时，关于博物馆的理论探讨都还比较感性，主要还是对博物馆的知识性推介，对博物馆相关问题的关注和讨论也多是由兴趣所推动，真正的学术化、专业化的博物馆学研究尚未形成。

20世纪30年代，随着博物馆学的持续发展，其研究也日益深入。1930年，日本博物馆学者棚桥源太郎编著了《诉诸眼的教育机关》，对博物馆的特征和职能进行了论述。1934年，国际博物馆事务局组织编写并出版了两卷本的《博物馆学》，并很快被译成了多种文字，也有力地推动了多国博物馆学研究的发展。中国的博物馆学研究则是在这个时候才开始起步的。尽管当时的政治环境并不太好，但是随着博物馆在我国的陆续兴建以及国人对博物馆社会角色认知的不断深化，再加上蔡元培、鲁迅、严智怡、马衡、李济等一批学人的关注与推动，博物馆学研究呈现出勃勃生机。1935年，中国博物馆协会在当时的北平成立。作为研究博物馆和博物馆学的学术团体，它发行了《中国博物馆协会会报》，主持编印《中国博物馆丛书》，积极刊登和介绍博物馆学研究的理论成果，极大地推动了我国博物馆事业与博物馆学研究的发展。

另外，1936年6月上海中华书局出版的由费耕雨、费鸿年合撰的介绍博物馆发展史略与博物馆工作的《博物馆学概论》，同年7月上海市博物馆刊行的陈端志编著的系统论述博物馆及其工作方法的博物馆学专著《博物馆学通论》，以及胡肇椿撰写的有关文物藏品保护和修复的《征集品之修复与保存》等，都是当时比较有代表性的博物馆学研究论著。虽然这些著作深受西方博物馆学的影响，与中国博物馆的实际情况联系得不够紧密，但反映了当时博物馆学研究的最新成果，而且从中也能看到我国博物馆学研究者对相关理论问题和实用技术的思考。

第二次世界大战期间，博物馆学研究也同其他学科一样，受到了战争的冲击，许多国家的博物馆学研究都基本处于停滞状态，但我国博物馆学界却出现了曾昭燏和李济合著的《博物馆》以及荆三林编写的《博物馆学大纲》等论著。它们既探讨了博物馆的基本理论，又阐释了博物馆的主要业务工作，对于普及博物馆知识、推动博物馆学研究具有重要作用。

第二次世界大战结束后,博物馆学研究也随着科技和博物馆事业的迅猛发展而在世界范围内呈现出空前繁荣的局面。战后不久,国际博协成立。自成立之日起,协会便通过召开会议、开办讲座、组织培训、出版刊物、交流合作等方式,竭力推进博物馆学研究的深入发展。后来,为了更好地适应、支持和指导博物馆学的全球化发展,国际博协又在其下建立了专门从事博物馆学研究的国际博物馆学委员会,博物馆学研究也自此走上了更加专业化、学术化和现代化的发展道路。

20世纪40年代到20世纪80年代,国际博物馆学界不仅创立了促进博物馆及博物馆学研究的国际性学术组织,而且涌现出一大批高质量的博物馆学研究成果,研究者们一直在为构建科学、系统的博物馆学体系而不懈努力。1950年,棚桥源太郎的博物馆学理论著作《博物馆学纲要》出版。1955年,运用马克思主义原理阐释苏联博物馆学理论和实践基本问题的研究成果《苏联博物馆学基础》出版。1958年,侧重介绍博物馆藏品的《地方文化与历史博物馆的登录工作与藏品》出版;美国博物馆学研究者的论著《博物馆:它的历史及其教育任务》全面论述了博物馆的起源、发展和类型以及博物馆的教育功用;法国学者巴赞(G. Bazin)撰写了博物馆史著作《博物馆时代》。

1969年,美国博物馆学者里普利(S. D. Ripley)在纽约出版了探索博物馆起源和发展、分析博物馆现状、讨论博物馆未来发展趋势的著述《神圣的园林:博物馆论文集》。1970年,论文集《未来的博物馆》在联邦德国出版;《寻求有用的未来博物馆》在美国出版。1972年,探讨当时博物馆面临的种种问题、强调博物馆应当服务大众的论著《危机中的博物馆》在纽约出版。1977年,由赫德森(K. Hudson)撰写的评析当时博物馆理论和业务工作实践、预测博物馆未来发展趋势的博物馆学专著《八十年代的博物馆——世界趋势综览》出版。此外,20世纪80年代初陆续出版的著作还有《博物馆学概论》《博物馆领域史》和《博物馆学基础》等,这些著作都对博物馆学及其各分支学科的研究产生了广泛而深远的影响。

20世纪五六十年代,随着我国博物馆事业的快速恢复和发展,我国的博物馆学研究也在全面学习和借鉴苏联社会主义博物馆学研究模式的基础上得以迅速展开。这一时期，我国博物馆学界不仅翻译和出版了一批以《苏联博物馆学基础》为代表的苏联博物馆学研究成果，还对社会主义博物馆理论与实践进行了探讨，前文中"三性二务"的表述就诞生于这一时期。今天看来，"三性二务"的表述虽然具有一定的时代局限性，但它却是当时博物馆学研究的重要理论成果，而且也有效指导了当时博物馆的建设工作。

另外，在学习和借鉴苏联博物馆学研究成果的同时，我国博物馆学界也结合博物馆建设工作的实际情况，发表了数百篇探讨博物馆工作的文章，编印了近40种介绍博物馆理论和工作方法的著作。1957年出版的由傅振伦编著的《博物馆学概论》和1961年刊印的《博物馆工作概论》就是其中的典型代表，虽然它们都深受苏联博物馆学思想的影响，打上了时代的烙印，但依然能在一定程度上体现当时我国博物馆学的研究水平。

纵观20世纪五六十年代我国的博物馆学研究成果，可以发现，我国研究者虽然当时对博物馆学理论和工作方法进行了比较广泛的学习与研究，但并没有明确的博物馆学学科建设的指导思想。不仅如此，1957年以后，博物馆学研究更是受到国内环境的影响，陷入了停滞状态。直至20世纪80年代，我国的博物馆学研究才进入了崭新的科学发展阶段。

博物馆学最初是为了帮助博物馆解决具体的技术问题而产生的，所以长期以来，重操作、重技术的风气始终在欧美博物馆学界占据主导地位，理论问题很少受到关注。但随着博物馆事业在全球的迅速发展和竞争的日益激烈，从20世纪七八十年代起，博物馆界普遍开始考虑"如何适应现代社会"这样一个关系到自身生存与发展的重大问题。一些博物馆学者也提出，要在这样一个竞争的环境中生存和发展，博物馆必须做出适应时代发展要求的变革，而其前提则是博物馆学要先行变革。如果没有博物馆学对博物馆与当代社会关系的正确引导，博物馆自身的变革就会失去方向。

正是在这样的背景下，出现了所谓的"新博物馆学"运动。它其实可以被视为博物馆学研究中的一个新兴学派。这个学派于1972年在智利首都圣地亚哥成立；1984 年在加拿大发表了《魁北克宣言》，公布了它的思想和组织原则；1985 年在葡萄牙里斯本创立了隶属于国际博协的"国际新博物馆学运动"学派。该学派的主要思想包括：增加博物馆功能，协调人类与自然环境的生态关系；深入社会为社区和特定的群体服务，社区居民是博物馆的主人；把历史与未来衔接起来，使博物馆能够反映社会的演变。

虽然国际博物馆学界对所谓的"新博物馆学"一直有争议，但我们不得不承认，"新博物馆学"的确提出了不少有别于传统博物馆学的观点，有力地推动了博物馆事业和博物馆学研究的进步。在"新博物馆学"运动的影响下，一些国家不仅出现了包括生态博物馆、社区博物馆、邻里博物馆和民族地区博物馆在内的新型博物馆，而且博物馆学研究的思路也得以拓展；一些学者开始从社会和文化的角度，结合对现代哲学与人文社会科学的研究，重新对博物馆进行审视。

20 世纪 80 年代中叶以后，博物馆学界出现了一批理论色彩很浓的著述。它们不但对现有博物馆及传统博物馆学进行了批判和反思，还利用哲学、社会科学的理论，就博物馆如何更好地适应并推动社会的发展进行了有益的探讨，极大地推动了当代博物馆学研究的理论化和社会化进程。

改革开放以来，对外交流日益频繁，我国的博物馆事业出现了前所未有的兴盛局面，博物馆学研究也随之进入一个崭新的发展阶段，不仅成立了以中国自然科学博物馆协会（2018 年改为中国自然科学博物馆学会，下同）和中国博物馆学会（2010 年改为中国博物馆协会，下同）为代表的各级博物馆学研究组织，使博物馆学研究走上了有组织、有规划的道路，而且许多大专院校也相继恢复和创建了博物馆学专业，教育部也将博物馆学列入了高等教育的专业学科目录，从而使博物馆学的教学、科研以及博物馆专业人才的培养得到了应有的重视。

此外，1983 年，中国博物馆学会成为国际博协成员，并应邀参加了在英国伦敦召开的国际博协第 13 届大会。自此，中国博物馆学正式登上了国际博物馆学研究的舞台，开始了与国际博物馆学界的深入交流。近年来，我们一方面认真地吸收和借鉴国外博物馆学研究的有益成果，另一方面也积极参与探讨博物馆学前沿问题和学科体系的构建。因此，当代中国的博物馆学研究不仅实现了与国际博物馆学界的双向互动，而且正在全球化的博物馆学研究中发挥着越来越重要的作用。正是在这些有利条件的影响和推动下，改革开放以来，我国博物馆学界不仅涌现出了大量的学术著作，而且学术研究的水平也在不断提高。

总体而言，尽管我国的博物馆学研究从改革开放至今，已经基本实现了从封闭到开放、从传统到现代、从感性描述到理性思考的转变，而且研究领域不断拓展，研究队伍日渐壮大，学术氛围日益活跃。但如果我们深入考察，便会发现，我国的博物馆学研究还是存在忽视学术规范、国际视野狭隘、本土化程度不够、创新不足、知行不协调等问题。所以，要建立具有中国特色的博物馆学体系依然任重而道远。

进入 21 世纪后，在社会进步、经济发展、科技日新月异及博物馆热潮席卷全球等因素的影响下，关注和参与博物馆学研究的学者越来越多，博物馆学研究的视角也越来越多样化，博物馆与环境、博物馆与文化遗产、博物馆与和谐社会等课题迅速成为当代博物馆学研究者关注的焦点。与此同时，包括博物馆与博物馆学的基本理论、藏品保管、陈列布展、社会教育、科学研究以及经营管理等在内的博物馆学各分支学科，其研究的深度和广度也有了显著的提升。虽然有关研究还存在诸多认识上的分歧和争议，但总体看来，世界范围内的博物馆学研究正沿着以全球化、专业化、现代化和系统化为目标的博物馆学建设之路稳步前进。

三、博物馆学新视野之文物保护与管理

（一）博物馆学新视野的"新"

1.跨学科融合

博物馆学不再局限于研究传统的艺术、历史或考古学领域，而是开始与计算机科学、信息技术、环境科学、社会学等多个学科进行融合。这种跨学科的研究方法使得博物馆学能够吸收和应用其他领域的理论和技术，从而拓宽了研究视野和应用领域。

2.技术驱动的创新

随着科技的发展，尤其是信息技术和数字化技术的快速发展，博物馆学也在不断创新。虚拟现实、增强现实等技术的应用，使得博物馆在展览方式、藏品管理、观众互动等方面都发生了深刻的变化。这种技术驱动的创新使得博物馆学的研究和实践更加具有前瞻性和创新性。

3.社会角色的转变

传统的博物馆主要被视为藏品的收藏和展示场所，而博物馆学新视野则强调博物馆在社会中的角色和作用。博物馆不再仅仅是一个文化机构，还是一个与社区、公众、教育机构等多方合作的平台。这种社会角色的转变使得博物馆学的研究和实践更加关注社会的需求和公众的参与。

4.对非物质文化遗产的关注

博物馆学特别关注非物质文化遗产的保护和传承。2003年，联合国教育、科学及文化组织（以下简称"联合国教科文组织"）颁布了《保护非物质文化遗产公约》，该公约规定非物质文化遗产是指被各社区、群体，有时是个人，视为其文化遗产组成部分的各种社会实践、观念表述、表现形式、知识、技能以及相关的工具、实物、手工艺品和文化场所。按照以上定义，非物质文化遗产包括以下内容：口头传统及其表现形式，表演艺术，社会实践、仪式、节庆

活动，有关自然界和宇宙的知识和实践，传统手工艺。通过收藏、展示和研究非物质文化遗产，博物馆能够为公众提供更多了解和认识非物质文化遗产的机会，从而促进文化表现形式的多样性。

5.强调可持续性和环境意识

在文物展览、管理等方面，博物馆学新视野强调要充分考虑环境因素的影响，力求实现资源的合理利用和环境的可持续发展。这种对可持续性和环境意识的重视反映了博物馆学对社会责任和可持续发展的关注。

（二）博物馆学与文物保护、管理的关系

博物馆学与文物保护、管理之间存在着密不可分的关系。随着博物馆学理论的不断发展和实践的不断深入，博物馆学为文物保护与管理提供了更为广阔的理论背景和更加丰富的手段。

一是博物馆学对文物保护与管理理念的更新。博物馆学强调以人为本、关注社会参与和观众体验，这一理念对文物保护与管理产生了深远影响。传统的文物保护与管理往往侧重于文物的物理保存与管理政策的制定，而博物馆学新视野下的文物保护与管理则更加注重文物的社会价值和公众参与，认为文物保护与管理不仅是专业人员的职责，也是全社会共同的事业。公众的参与，可以增强文物保护与管理工作的可持续性。例如，博物馆可以通过开展文物保护知识普及活动、组织公众参与文物保护与管理项目等方式，吸引更多的人关注和参与到文物保护与管理事业中来。这种公众参与的模式有助于形成全社会共同关注文物保护与管理的良好氛围，促进文物保护与管理事业的可持续发展。

二是博物馆学对文物保护与管理方法的创新。博物馆学新视野注重跨学科融合和技术创新，这为文物保护与管理提供了更为先进的方法和手段。传统的文物保护与管理往往依赖于经验和传统技艺，而博物馆学新视野下的文物保护与管理引入了现代科技手段，如数字化技术、虚拟现实等，使得文物保护与管理工作更加科学、精确和高效。

三是博物馆学对文物保护与展示的平衡。博物馆学新视野强调文物的展示和传播，认为文物不仅是历史的见证，更是文化的载体。因此，在文物保护与展示之间需要寻求一种平衡，既要保证文物的安全和完整，又要让文物通过展览等方式与公众产生互动和交流。这种平衡的实现需要依赖于博物馆学新视野下的理论指导和实践探索。

四是博物馆学对文物预防性保护的重视。预防性保护是文物保护工作的重要组成部分，旨在通过科学的管理和维护措施来减少文物受损的风险。博物馆学新视野强调对文物预防性保护的重视，提倡在文物保存和展示过程中采取科学合理的措施，如控制环境因素、加强安全管理等，以降低文物受损的风险。这种预防性保护的理念和实践有助于延长文物的寿命，凸显其历史价值和文化意义。

五是博物馆学对文物修复理念的更新。文物修复是文物保护工作的重要环节，旨在通过专业的技术手段来修复受损的文物。博物馆学新视野对文物修复理念进行了更新，强调修复过程中的科学性。这意味着在修复文物时，修复人员需要遵循科学的原则、采用科学的方法，确保修复过程不会对文物造成进一步的损害，并且修复后的文物能够保持其原始的历史信息和价值。同时，博物馆学新视野强调文物修复需遵循可逆性原则，也就是说文物的修复痕迹应该是可以被撤销或更改的。这有两方面原因：一方面，在文物修复过程中，可能会出现意想不到的情况或错误，如果修复工作是不可逆的，那么一旦出现问题，就无法进行纠正，这会对文物造成不可逆的损害；另一方面，可逆性原则要求修复人员所使用的材料和技术不会对文物造成永久性影响，这样就可以在必要时对修复工作进行撤销或更改，从而保持文物的原貌。

文物保护是博物馆学新视野下不可忽视的重要领域之一，为博物馆的展览、教育和社会服务等功能提供了坚实的基础和支撑。未来，随着博物馆学理论的不断发展和实践的不断深入，我们相信博物馆学与文物保护之间的关系将更加紧密。

(三)博物馆学新视野下文物保护与管理的意义

1.助推文化创意(文创)产业发展

博物馆可通过多种手段和形式展现文物自身的历史、文化价值,助推文创产业的发展。文创产业是在经济全球化背景下产生的以创造力为核心的新兴产业。将文物和文创相结合可以引领文创产业的发展,造就新业态。新业态的产生和发展可以助推地方经济发展,甚至成为地方新的经济增长点。然而,发展文创产业离不开文物的保护与管理。文物保护与管理是文创产业发展的基础。文物是文化遗产的重要组成部分,蕴含着丰富的历史、文化和艺术价值。有效的文物保护与管理工作,可以确保文物的完整性和历史真实性,为文创产业提供可靠的资源支撑。只有在保护好文物的基础上,才能进行后续的文创开发工作,创造出更多具有文化特色和独特魅力的文创产品。因此,文物保护与管理工作的开展,在一定程度上能够促进地方经济效益的提升。

2.提升城市形象

首先,博物馆作为城市文化的重要组成部分,其文物保护与管理的水平直接反映了城市对文化遗产的尊重和保护程度。一个城市如果能够妥善保护其历史文物,展示其独特的历史文化魅力,就会给人留下深刻的印象,从而提升城市的形象。

其次,博物馆学新视野强调以人为本、关注社会参与和观众体验等理念,这使文物保护与管理工作更加贴近公众,提高了公众对文物和文化的兴趣。这不仅可以提高市民的文化素养,还可以增强市民对城市的归属感和自豪感,进一步提升城市形象。

再次,博物馆对文物进行妥善的保护与管理,可以吸引更多的参观者,促进城市旅游业的发展。旅游业的发展不仅可以为城市带来经济效益,还可以提高城市的知名度和影响力,进一步提升城市形象。

最后,博物馆的文物保护与管理工作还可以带动相关产业的发展,如文创产业、艺术品市场等。这些产业的发展不仅可以为城市带来更多的经济效益,还可以丰富城市的文化内涵，提高城市的综合竞争力。

3.增强民众的文化自信

文物作为历史时代的象征，是不可再生的，亦是不可复制的。因此，应加强对文物保护与管理工作的研究，通过文物保护与管理工作助推社会经济、政治以及文化的发展。这样一来，博物馆更应落实自身的文物保护与管理责任，通过文物的收藏、保护、研究，使优秀的传统文化能够更好地被传承和弘扬。民众通过文物了解历史，可以增强历史自豪感和爱国情怀，进而增强文化自信。

4.促进历史文化研究

博物馆学新视野下文物保护与管理还有助于我们更好地研究和理解人类社会历史。文物是人类历史和社会进步的见证，具有极高的历史、艺术和科学价值。通过对文物的有效保护和管理，我们可以更深入地了解人类社会的发展和变迁，揭示历史的真相。这对于我们认识过去、理解现在以及规划未来具有重要的指导意义。

第二章　当代博物馆学的主要分支

由前文可知，普通博物馆学（一般博物馆学）、应用博物馆学、专门博物馆学作为当代博物馆学的三大主要分支学科，虽然各自的内部结构是完全不同的，但在内容上它们并不是相互独立的，它们之间是相互联系、相互作用、相互制约。在博物馆学理论体系的形成过程中，这些分支学科的内容丰富程度及发展速度并不一致，应结合具体情况进行具体分析。

第一节　普通博物馆学

由前文可知，普通博物馆学集中探讨的是博物馆学和博物馆的基本理论，如博物馆学的概念、研究对象、学科性质、方法论、理论架构，博物馆的定义、功用和特征、类型划分等。这些内容在上一章已有相关论述，这里不再赘述。当前博物馆的发展和变化都极为迅速，国外博物馆经验的引入、国内社会环境的影响和冲击、博物馆自身的扩建和创新等因素在博物馆发展过程中发挥着不尽相同的作用。融现代与传统为一体的当代博物馆，吸引着社会和博物馆学界从新的视角来认识其内涵，这极大地丰富了博物馆的基本理论研究。目前，博物馆学界对普通博物馆学的研究除上述内容，还包括博物馆文化、博物馆物、博物馆与非物质文化遗产等内容。

一、博物馆文化

博物馆文化是社会文化的重要组成部分，有着深厚的内涵。我们可以从物质文化和精神文化两个层面进行分析。

（一）物质文化层面

在物质文化层面，博物馆文化主要包括藏品文化和环境文化。

藏品文化是博物馆藏品反映出来的较为完整系统的、具有清晰脉络和发展逻辑的信息和知识。藏品文化是博物馆立馆的根本，也是博物馆文化的立论根基。藏品文化决定了一个博物馆作为单体文化机构的办馆性质和宗旨。博物馆类型多样化是博物馆藏品文化多元化的具体体现。藏品是博物馆之本，研究藏品就是务本，务本才能使博物馆事业源远流长。

博物馆的环境文化也是博物馆文化的重要组成部分。博物馆环境文化不仅体现在博物馆的建筑结构设计、设施结构设计、陈展氛围营造和周边环境打造方面，还体现在当地人文与自然环境组合、文化传统上，甚至还反映在当地的人气指数上。博物馆环境文化的建设有一个总的要求，就是要与当地文化传统相契合。

（二）精神文化层面

在精神文化层面，博物馆文化包括管理文化和学科文化。

博物馆虽然是一个文化实体、非营利组织，但与企业在组织管理方面有着许多共同之处，所以可以充分借鉴企业的管理文化来塑造博物馆自身的管理文化。

首先，确立博物馆精神。博物馆精神是反映博物馆追求的社会理想的总体倾向，是博物馆管理文化的灵魂。博物馆应树立起符合本国国情、时代发展趋向、反映自身发展方向的博物馆精神，以塑造良好的博物馆形象。当今时代，我国博物馆精神应该包括以人为本精神、文明服务精神、团结协作精神等。

其次，明确博物馆的价值观。博物馆的价值观即博物馆组织成员对博物馆活动和服务行为的意义、重要性的总体评价，它对博物馆的发展有重要影响。

再次，建立博物馆职业道德规范。它是博物馆法的必要补充，是协调博物馆与社会、博物馆与博物馆、博物馆与工作人员之间的利益关系的准则。博物馆工作人员职业道德的形成，一方面是通过宣传和教育方式，使其形成正确的价值观；另一方面，将博物馆的各项制度作为约束工作人员行为的原则与规范。

最后，明确博物馆的目标。博物馆目标代表着一个博物馆的发展方向，是激励工作人员的行为纲领和开展博物馆活动的重要依据。

博物馆学科文化也是博物馆文化不可或缺的重要内容。博物馆学科文化就是博物馆学或者博物馆行业文化在一个具体博物馆中的综合体现，换句话说，就是一个具体博物馆与博物馆学的关系。因此，它要求每一个具体的博物馆都要有博物馆学科文化氛围，并且能让观众清楚地感受到这种文化氛围。

二、博物馆物

博物馆物是博物馆存在的物质基础，是博物馆功能发挥的根据，是博物馆价值的源泉。研究博物馆的物就是研究博物馆的核心要素。国际博协博物馆学委员会成立后，为了学科的基础建设，深入研究了博物馆的若干基本问题，其中就有关于博物馆物的讨论。博物馆学委员会曾在北京召开年会，主题之一就是进一步研讨博物馆的物。博物馆学委员会在德国慕尼黑召开的年会将"博物馆与无形遗产"作为主题，国际博物馆理论界又一次关注到学界对博物馆物的讨论，主要包括对物在博物馆中的地位、博物馆物的存在性质、博物馆物的类型等内容的探讨。

三、博物馆与非物质文化遗产

博物馆具有保护文化遗产的作用，文化遗产包括物质文化遗产（有形文化遗产）和非物质文化遗产（无形文化遗产）。长期以来，各博物馆一直致力于物质文化遗产的收藏和保护，在国际博物馆学界的推动下，中国博物馆学界开始关注非物质文化遗产。

保护和传承非物质文化遗产是全社会的责任和义务，作为公共文化机构的博物馆更是肩负着弘扬中华优秀传统文化的重要责任，而且其自身也有许多优势和经验。首先，非物质文化遗产的保护与传承是一项系统性的工作，包括收集、保存、研究、展示、宣传等多个方面，博物馆在这些方面已经形成了成熟的工作体系，有条件提供具有系统性、科学性的系列活动模式，驾轻就熟地开展非物质文化遗产保护工作。其次，非物质文化遗产和文物有很强的相关性，很多文物也是具有历史价值的非物质文化遗产。与文物相比，非物质文化遗产主要展示的是当地生活和文化习俗，博物馆对于非物质文化遗产展览中的文化场景复原和"以文物来讲述历史"，有着得天独厚的优势。最后，文物修复也经常用到非物质文化遗产中的传统手工艺，比如故宫博物院与东城区人民政府"平安故宫"工程院藏文物抢救性科技修复保护合作项目，就吸纳了宫灯技艺、京作硬木家具制作技艺、缂丝挂屏制作技艺等国家级非物质文化遗产传承人参与其中。一些修复技艺类非物质文化遗产项目也成为我国各类非物质文化遗产中的特殊门类，包括"装裱修复技艺""古陶瓷修复技艺""青铜器修复及复制技艺""古钟表修复技艺""古建筑修复技艺"等。

当前，博物馆的非物质文化遗产工作以展览为主，主要分为五种类型，即非遗精品展、非遗传承人活态展、非遗与当代艺术结合展、非遗历史展以及非遗场景再现展等。在表现形式上，除采用静态展陈方式（即非物质文化遗产实物展或图片展）外，对于表演类、手工技艺类的非物质文化遗产项目还会通过现场表演、传承人现场演示等形式进行展示。在展示场所上，除依托综合性博物馆外,很多地方成立了专题性非物质文化遗产展示馆,如江西抚州的中国戏曲博物馆。在各地非物质文化遗产保护中心没有建成非物质文化遗产展示馆的情况下,在很长一段时间内,博物馆依旧是非物质文化遗产展示和传承的主要场所。

第二节 应用博物馆学

应用博物馆学主要研究博物馆藏品的征集、鉴定、分类编目、保管、修复,陈列展览的设计、组织,对观众的服务、教育等方面的工作原则和方法,以及博物馆组织机构的运作、工作人员的分工等。它们分别发展为博物馆陈列学、博物馆教育学、博物馆管理学、博物馆建筑学等。

一、博物馆陈列学

陈列(也称展览)是博物馆实现其社会功能的主要方式,它作为博物馆特有的形式,是博物馆工作人员与博物馆观众进行交流的主要途径。

博物馆陈列学,涉及陈列的特点及理念、陈列的原则及程序、总体研究与设计、内容研究与设计、陈列艺术与设计、工程管理、动态陈列和高新科技运用等一系列课题,博物馆陈列学理论与陈列技术密不可分,陈列技术要靠陈列的过程和效果来检验。正因如此,关于博物馆陈列的经验交流显得尤为必要,在博物馆学研究论文中,关于博物馆陈列的论文最多,既有举办各类大小展览的经验和心得,也有陈列理论的阐述和争鸣,有的还辅以现场参观、陈列评比、专题研讨会议等活动形式,这些都不断丰富和完善了陈列学的基本内容。

中国博物馆学会陈列艺术委员会成立于1984年，其先后组织了多次专业学术讨论会，分别就博物馆陈列形式设计、博物馆建筑与陈列艺术、陈列设计现代化、新形势下纪念馆及专业博物馆的陈列艺术、新世纪博物馆陈列艺术的发展趋势、大型综合性博物馆的陈列改建等议题进行了深入讨论。2006年，中国博物馆学会陈列艺术委员会与山西博物院在山西太原联合举办"2006中国博物馆陈列艺术论坛"，论坛围绕中国博物馆的建设与发展、博物馆陈列艺术的创新与探索两大主题展开研讨，为各地博物馆的发展提供了许多宝贵的经验。

为提高各博物馆的陈列水平，国家文物局于1997年启动了"全国博物馆十大陈列展览精品"评选活动，由中国博物馆学会和中国文物报社承办，从陈列艺术设计原则、设计思路、创新与效果、施工制作方法以及材料技术等多个角度进行评估，这是一项有助于博物馆贯彻精品战略的重要举措。国家文物局还召开了直属博物馆陈列展览学术讨论会，研讨如何根据本馆的基本任务，适应社会需要，办出高质量的基本陈列和临时展览；发挥直属馆藏品多、业务水平高、经验丰富的优势，采用高新技术，运用现代科技手段，开展内容科学、形式新颖、内容与形式完美统一的陈列活动，为各级博物馆的陈列展览活动起到示范和引导作用；以陈列展览为龙头，全面带动博物馆业务工作的开展。

《中国博物馆》杂志编辑部和南京博物院曾联合召开过"博物馆陈列总体设计"高层理论研讨会，博物馆界资深专家和中青年理论工作者共13人出席了会议，听取了中国国家博物馆、故宫博物院、上海博物馆、南京博物院等十家博物馆的总体设计典型经验介绍，会议就建立陈列总体的意义、如何实现强有力的总体领导，陈列内容与形式的关系、如何达到浑然一体，陈列总体的组织形式、领导人员的素质要求这三个问题开展了深入的讨论。这次会议是对具有中国特色的陈列思想和中国实践的理论探索，取得了重要理论成果。参会人员一致认为，提高对总体设计的认识水平和加大陈列总体的领导力度是提高我国博物馆陈列水平的关键；陈列总体的职能应延伸到陈列的环境和服务两端，陈列总体领导应促进整个陈列达到陈列与环境、内容与形式、设计与制作、艺术与科技、管理与服务的和谐统一。

这些博物馆陈列实践和理论探讨,有利于新的学术成果的产生。以《博物馆陈列艺术》和《中国博物馆陈列精品图解》两部专著为例,前者集中介绍了我国当代设计师的实践经验和见解,并融入了边缘学科的理论成果,是一部全面阐述陈列艺术与相关技术的专业书籍,填补了我国在博物馆学和设计艺术史方面的空白;而后者选用了大量近年来博物馆陈列设计的优秀作品图片,形象地反映了我国博物馆当前的设计水平,是广大设计师的一本最佳形象参考资料。二者相得益彰,图文并茂,体现了我国陈列艺术的发展水平。再如,赵春贵主编的《谛听陈列艺术脚步声:新世纪陈列艺术发展趋势》,该著作也是艺术陈列委员会第六次会议的论文集,艺术陈列委员会还与南京博物院合办了《陈列艺术》杂志,作为《东南文化》杂志的增刊出版,为陈列设计专业人员的交流探讨提供了良好平台。

不同博物馆的陈列活动有各自的特点,而博物馆陈列学的研究目的则是探索其内在规律,这种规律性研究的成果也体现在陈列工作规范的制定上,据悉这一规范正在由国家有关部门起草。目前,陈列学研究主要是从陈列设计的个性中寻找共性,在有章可循的环境中不断提高陈列工作的质量。

二、博物馆教育学

教育是博物馆的主要社会功能之一。博物馆教育是借助由实物组成的陈列活动及其他辅助形式对观众进行直观教育的。博物馆教育学的主要研究内容有博物馆教育理念、教育对象、教育方式、教育内容等。从20世纪70年代开始,国际博物馆界开始关注博物馆与社会、博物馆与环境的关系,博物馆的对外教育功能被大大增强,以人为本、为人服务、为社会和社会发展服务,成为博物馆的根本任务,同时传统的博物馆教育学也被赋予了全新的意义。我国博物馆具有重视教育的优秀传统,取得的学术成果也极为丰富,其中包括观众人口学、观众心理学、博物馆公共关系学等重要内容。

三、博物馆管理学

博物馆管理学是从宏观的角度研究与博物馆事业相关的国家或地区的发展规划和管理制度，从微观上研究博物馆的内部职能、机构组织、人员配备、管理制度和管理方法的学科。中国对博物馆管理学的专题研究始于20世纪80年代，1985年出版的《中国博物馆学概论》首次开辟了"科学管理"专题，阐述了科学管理的重要性及如何进行科学管理等。这一时期，中国博物馆界针对科学管理问题还举行了多次研讨会，博物馆界对科学管理的具体含义有了更为明确的认识，并明确了博物馆管理的任务，理论研究不断深化。

与博物馆的收藏、教育、研究等功能相比，中国的博物馆管理与发达国家的差距更大，因此这方面的交流也更为必要。中国博物馆学会与国家文物局、国际博协人员培训委员会、荷兰莱因瓦尔德博物馆学院曾联合在泰安举办了"中国博物馆中高级管理人员国际培训班"，按照博物馆管理学的要求，收集了国内外博物馆在人员、组织机构、财政和项目管理方面的论著，将其作为讲义，系统地介绍了博物馆管理理论和实践。

由于法律和政策不同，各国在博物馆的方针制定、行政管理和财务经费方面，存在很大差异，因此在博物馆学的所有分支当中，各国博物馆管理学的内容差异最大。中国的博物馆管理体制是所有业务在一个比较统一的体系中进行集中管理，在宏观上，业务工作是由国家文物局归口管理，行政经费由各级政府统一管理；在微观上，博物馆内部实行"三部一室"制（保管部、陈列部、群工部和行政办公室）。但随着时代的发展，中国博物馆管理体制呈现多元化发展的态势，各行业和个人兴办的博物馆日益增多，博物馆也在市场经济中发生了很大变化，这些客观现实推动着博物馆管理学研究的逐渐深入，一些学者因而提出实行企业化组织管理系统，形成一个从中央到地方，中央抓线、地方管片、条块结合、结构紧密的博物馆组织网络，实现统筹全局、综合具体的科学管理，这样能够保证目标清晰、分工明确、合作协调、信息畅通、运营有序。

博物馆管理学在内容上越来越丰富，研究内容的变化和更新速度明显超过博物馆学的其他几个分支。当前，中国博物馆管理学的内容主要包括以下几个方面：

（一）博物馆法治建设

博物馆法治建设是国家依法对博物馆进行行政管理的必要保证。近年来，我国博物馆相关法律法规主要有《中华人民共和国文物保护法》《中华人民共和国文物保护法实施条例》《文物保护行业标准管理办法（试行）》《文物藏品定级标准》《博物馆管理办法》《可移动文物修复资质管理办法（试行）》《可移动文物技术保护设计资质管理办法（试行）》等。

《中华人民共和国文物保护法》及其实施条例，主要规定了国家所有的可移动文物藏品的档案设置、管理、取得、调借、交换、修复、安全防护等事项。《博物馆管理办法》规定了博物馆的定义、办法、宗旨，博物馆的设立、年检与终止，藏品管理，展示与服务等内容。在规范性文件方面，《文物藏品定级标准》规定了各级文物的定级标准。《文物保护行业标准管理办法（试行）》规定了行业标准的编制与审批、标准的发布和复审。《可移动文物修复资质管理办法（试行）》《可移动文物技术保护设计资质管理办法（试行）》则规定了文物修复的前期分析和技术方案的制定等内容。

（二）博物馆的管理体制

博物馆管理可分为宏观管理和微观管理两部分。宏观管理是指国家对博物馆事业进行综合性、全局性的管理，制定博物馆事业建设和发展的方针政策，制定相关法律法规，规划并指导博物馆事业的各项工作。微观管理是指博物馆内部的科学管理，主要是对博物馆全部工作和各项活动进行有目标的计划、组织、实施、检查，使博物馆工作制度化、规范化、科学化、现代化，最大限度地提高博物馆的社会效益。

博物馆的管理体制取决于主观管理理念和客观条件。其中，主观管理理念是决定博物馆管理体制的内因，客观条件是外因。内因决定着博物馆事业的发展方向，影响着博物馆具体管理措施的设计和执行；外因只能通过内因发挥作用，即客观条件必须先影响主观管理理念，才可能影响管理体制的构成和发展方向。博物馆的管理制度指以责任制为核心的各项规章制度，是博物馆工作人员需要遵守的工作规范和准则，是博物馆科学管理的保证。目前，世界各国的博物馆都面临着管理问题，也都在结合本国国情，加强自身管理，争取实现体制与运行机制的创新。

在当前博物馆的公益性受到国家、社会和广大人民群众普遍关注的情况下，如何从体制层面加强管理、改进服务，提高行政资源利用率，以更好地实现博物馆的社会效益，就成为国家需要考虑的问题。为此，必须分析博物馆管理体制的特点，找出其与发展环境不协调之处。

1. 我国博物馆管理体制概况

自中华人民共和国成立以来，受种种历史因素的影响，我国博物馆的功能与角色已多次发生改变，并因时代背景不同而发展出了不同的行政体制。20世纪50年代，我国博物馆受苏联的影响，在建设中积极融入了马克思主义哲学的博物馆学观念和实践经验，建立了社会主义博物馆事业，取代了之前按西方国家和日本模式建立的旧博物馆体制。在博物馆理论方面，我国的定位为"三性二务"。由于当时国家实行的是计划经济体制，博物馆的管理制度为计划管理制度，其建设的规模、数量和组成，都是由国家的行政管理部门决定的，博物馆直接归政府行政管理部门领导，博物馆的业务发展与人员安排均由上级管理部门决定。

20世纪80年代，我国相继成立了各种类型的博物馆，博物馆的职能多表现为展现各地区的文明发展史，如山西地质博物馆。在此期间，我国还成立了中国自然科学博物馆协会、中国文物保护技术协会、中国博物馆学会等行业协会。20世纪90年代后，我国博物馆逐渐加强与国际博物馆的交流与合作，博物馆管理逐渐与国际接轨。

（1）管理体系

我国博物馆的管理体系由纵向多层级管理和横向多部门管理构成。纵向多层级管理主要是指中央政府、地方各级人民政府及其文物主管部门的管理。国有博物馆可分为国家级、省级、地市级和县级四种级别。横向多部门管理主要由文物、文化及其他行业部门或组织负责。其中，文物系统作为博物馆的行业管理和业务指导机构，除管辖本系统所属的博物馆外，还负责行使博物馆的宏观管理职能，包括对博物馆的管理工作进行业务指导、工作监督和执法检查等。文物系统以外的博物馆分散在各行业系统中，"多元化"现象更为突出。除由各个政府部门设立的博物馆外，我国还存在着大量由科研机构、大专院校、企业、行业组织等公立组织以及社会力量或个人设立的博物馆。博物馆的日常管理由这些系统的内设部门负责。

国家文物局设有博物馆与社会文物司和文物古迹司（世界文化遗产司），统管全国博物馆、文物保护单位和世界文化遗产事业。博物馆与社会文物司下设博物馆处、藏品管理处和社会文物处；文物古迹司（世界文化遗产司）下设资源管理处、文物建筑处、石窟石刻处和世界遗产处。在各省、市、县，博物馆则由文化厅或文物局等各级政府的文物行政部门管辖。各级国有博物馆的经费来源主要有三部分：地方政府、国家文物局专项经费和中央政府其他部门的特殊经费。地方政府主要负责博物馆的基本营运经费和部分文物征集经费，但也有少数知名博物馆可自负盈亏；国家文物局所拨经费为专项经费，主要用于馆藏文物保护修复、库房改造、展示更新、文物征集以及文物保护科学研究；特殊经费主要来自非文物系统的中央部门，如特殊考古发掘活动或抢救性保护等临时特殊情况，或纳入国家科技计划的重大文物保护科学研究项目，由国家文物局、地方政府等向财政部、科技部等申请专项经费。另外，也有少量的经费来自社会赞助。

我国的博物馆可分为国有博物馆和非国有博物馆两大类。总体来看，国有博物馆在我国博物馆事业发展中占主导地位，主要采用非营利事业单位的管理制度，即国家将国有文物委托给某一级政府代管，某一级政府或者某个职能部门利用国有藏品、资金等设立博物馆，作为其下属的事业单位，对国有藏品进行管理。

从日常管理来看，国有博物馆对外由其上级主管部门负责，接受其上级主管部门的管理；对内一般设置五大类主要部门，一般包括藏品保管部门、科学研究部门、展览设计部门、科普教育部门、行政管理部门，也有些博物馆，尤其是具有一定规模的博物馆，还会设置经营策划部门、信息宣传部门等。非国有博物馆则一般由其设立主体进行管理。

随着我国经济社会的发展和政策支持力度的加大，我国非国有博物馆的数量还将继续增加，营利性、非营利性社会力量以及个人在博物馆发展过程中的作用将得到进一步加强。

（2）经费来源

我国国有博物馆的经费基本上依靠政府财政投入，其他方面的收入比例很小。在2008年博物馆免费开放之前，有些国有博物馆还有部分门票收入，用于弥补经费开支方面的不足。从2008年开始，大部分博物馆免费向公众开放，政府虽然加大了对免费开放博物馆的投入，但仍然满足不了博物馆的需求。尤其是经济欠发达地区，由于财政困难，博物馆只能勉强维持运转，有的甚至无法正常运营。

2.我国博物馆管理体制的基本特征

（1）分级属地化管理

我国的博物馆管理体制以国家管理博物馆事业的行政管理体制为核心，具有行政管理体制共有的层级化和属地管理的特征。在层级结构上，从国务院文物主管部门到县级以上人民政府文物行政主管部门，形成了层次分明的、纵向的分级管理结构，不同层级的文物主管部门拥有不同的管理权限，实现了对博物馆行业的条状垂直管理，体现了管理的系统性和专业性；在管理权力的范围上，国务院文物主管部门主管全国博物馆工作，县级以上人民政府文物行政主管部门对本行政区域内的博物馆工作实施日常监督和管理。在实践操作中，根据博物馆规模大小、藏品多少、社会地位和社会影响的不同，分别由中央、省

（直辖市、自治区）、地（市）、县（区）四级有关行政部门对之实行分级管理；国家文物局通过各省文化厅或文物局对文化系统内的博物馆进行业务指导；国务院有关部门通过各省（直辖市、自治区）有关厅（局）对各自系统内的地方博物馆进行业务指导。不难看出，除国务院文物主管部门管理全国博物馆事业外，省级以下的文物主管部门以行政区域为单位，对行政管理权进行了分配，具有鲜明的属地化管理特征。这种分级属地化管理构成了我国博物馆管理体制的核心，奠定了我国博物馆管理的基础，是开展各项博物馆事业的制度平台，在我国博物馆事业发展中发挥着至关重要的作用。

（2）管理主体多元化、管理结构复杂

在国家行政管理体制下，我国博物馆由于设立主体不同，在管理体制的细节上，还具有管理主体多元化、管理结构复杂的特点。

除文物系统博物馆外，非文物系统的博物馆在我国也大量存在，如中国电影博物馆。国有博物馆在行政系统归属层次上并不完全统一，而是分属于国家文物局、其他政府部门、大专院校、科研院所、行业协会等；非国有博物馆则多由企业或公民个人设立。不同主管部门的博物馆彼此之间的交流与沟通主要通过中国博物馆协会进行。

非文物系统博物馆的人员、机构、经费、事业发展等均由其上级主管部门直接控制，仅在行业规范方面接受文物主管部门的宏观协调和指导，呈现出分散化管理的特点，管理结构较为复杂。

（3）公私所有制并存

国有、非国有博物馆并存的情况源于博物馆设立主体的多元化。根据《博物馆管理办法》和《博物馆条例》的有关内容，我国在博物馆事业发展上采取的是"鼓励个人、法人或其他组织设立博物馆"和"鼓励博物馆多渠道筹措资金促进自身发展"的政策。这种政策促进了博物馆设立主体的多元化，使得国家、政府部门、大专院校、科研院所、企业、行业组织乃至公民个人都可以根据国家的有关规定合法设立博物馆。由此，博物馆行业中的公私所有制呈并存状态。这种兼容并包的发展模式对博物馆事业的发展和繁荣起到了极大的推动作用，使各行业的主体都能参与到博物馆事业的建设中，并在其中发挥各自的作用，各展所长，并且通过相互竞争、相互学习、相互融合，共创博物馆事业欣欣向荣的景象，将人类活动或者探索自然环境的成果通过博物馆展现给世人，丰富人们的精神文化生活。

从整体上来看，我国博物馆的管理体制以分级属地化管理为主要特征，文物行政部门主管与多元主体分散化事务管理相结合，具有公私所有制并存、公益性原则突出等特点。

3.我国博物馆管理体制存在的问题

从我国博物馆的管理体制及其基本特征不难看出，管理体制的多元化和行政隶属关系上的条块分割，使得我国博物馆管理具有特殊性和复杂性。现行博物馆管理体制不仅无法满足现实需求，还有可能成为影响博物馆发展的瓶颈。

（1）博物馆隶属关系复杂，政府缺乏统筹协调能力

长期以来，受计划经济体制的影响，我国博物馆在地区行业之间存在着体制上无法统筹的问题。现阶段的管理模式整体技术关系复杂，并且管理工作较为混乱，直接影响到了行业管理工作的顺利进行，主要体现在以下方面：直接隶属的上级部门无法了解博物馆的实际工作特征和业务特点，而行业主管部门的属地管理工作力度不足，导致博物馆相应的业务管理缺乏统筹性、规划性；一些相关的政策与工作规范，无法在实际工作中得到贯彻落实。隶属关系的差异，导致上级管理部门和行业管理部门之间的地位和工作目标不同，针对博物馆的工作开展情况提出相应要求时，工作目标、任务及重点规划可能会有矛盾和冲突，直接影响博物馆整体的发展。

（2）政策法规及博物馆管理制度不健全

我国缺少鼓励企业和个人投资兴建博物馆的具体法规与奖励办法。在国外，非国有博物馆在博物馆总数中所占比例较大，而我国非国有博物馆及相关机构占的比例很小。目前，我国缺少全国统一的行业建设技术规范以及行业类博物馆的管理评估体系，而行业评估标准是区分优劣、促进竞争的基本条件。对于行业类博物馆，虽然国家也有少量类似的标准，但对各类博物馆来说缺乏

针对性。目前，我国除已出台的《科学技术馆建设标准》外，对其他新建博物馆还缺乏基本技术规范要求。

在建立志愿者制度、会员制，争取社会捐献以及融资方面，我国还缺少法律层面的保障，并且缺少深入的理论研究。国家尽管已经出台了《中华人民共和国公益事业捐赠法》和《中华人民共和国科学技术普及法》以及一些相关的企业免税政策，但力度仍显不够，具体操作也十分烦琐，仍需在法律和操作层面刺激企业和个人对社会公益事业捐助的积极性。

目前，可以执行的博物馆管理制度不能满足博物馆业务发展的需要，缺乏行业规范和标准，导致博物馆的很多业务工作处于"无法可依"的状态。

（3）博物馆间缺乏横向的沟通与合作，未实现资源共享

由于各博物馆隶属于不同的管理部门，博物馆间还没能完全克服传统历史文化和体制因素所带来的负面影响，目前基本上处于"各自为战"的状态。博物馆之间往往缺乏横向的沟通与合作，缺乏信息与资源的整合，不能在资源上形成互补，在业务工作中往往各自为政，很少有博物馆利用本馆以外的资源来弥补自身的不足。即使博物馆间有一些合作，也仅局限于馆与馆之间，还远未形成跨地区、行业和层级的局域性或全国性的博物馆网络或联盟。当今，科学技术的迅猛发展已使博物馆网络或联盟的建立在技术上成为可能，关键在于我们是否能清除观念和体制方面的障碍。要想整合我国的博物馆资源，达到共赢的目的，这种实质上的合作是必要的。

上述问题的存在，客观上阻碍了我国博物馆事业的可持续发展，在博物馆免费向公众开放和努力将博物馆教育纳入国民教育体系的过程中，博物馆应有功能的发挥受到了限制，其公益性也无法完全展现。因此，目前我国博物馆管理体制还需要通过法律法规、政策引导、加强管理等途径加以完善，对未来博物馆的发展方向还需要继续探索，要在把握国际博物馆发展趋势的同时，结合我国的实际情况，使我国博物馆走上具有中国特色的发展道路。

4.博物馆管理体制创新

近年来，尽管博物馆建设日益受到社会各界的重视，我国政府也加大了对

博物馆的投入，博物馆管理也逐步走向规范化、制度化，但与发达国家相比，我国在博物馆体制建设、法治建设、管理能力建设、新技术应用、产品开发以及为公众提供服务等方面还有较大的差距，需要进一步在实践中总结提高。对于管理体制，具体应从以下方面进行创新：

（1）改革博物馆领导管理体制，加大国家统筹协调力度

目前，我国博物馆系统管理较分散，且没有相应的行业技术建设标准，业绩评估不够规范，缺乏统筹规划。要消除不必要的行政壁垒，摒弃各自为政、互相封闭的管理构架，有必要建立权威的统筹协调管理体制。

据2022年1月修订实施的《国家文物局职能配置、内设机构和人员编制规定》，国家文物局的职责共有11项，主要是关于文物保护、文化遗产保护和管理、考古工作等方面的。博物馆方面的职责有拟订文物事业发展规划，推动完善文物和博物馆公共服务体系建设，负责文物和博物馆有关审核、审批事务及资质、资格认定的管理工作等。国家文物局的内设机构——博物馆与社会文物司的职责为"指导博物馆工作，承担全国博物馆管理制度规范和业务指导工作；协调、指导可移动文物的保护利用和管理监督工作，承办国家一级文物藏品的有关审核、审批事项；承担文物拍卖、进出境审核和鉴定管理工作；指导民间收藏文物的服务和流通工作；协调开展查扣没收文物的接收工作；承担可移动文物有关审核、审批事务及资质、资格认定管理工作"。

由国家文物局的职责可以看出，文物管理的重要性远远超过博物馆管理；由博物馆与社会文物司的职责更能看出文物保护的重要程度。由博物馆的职责定位可以看出，博物馆管理处于"缺位"状态，即没有政策明确对全国各系统的博物馆进行全面管理。例如，自然科学类博物馆的归口管理单位为中国科学技术协会，虽然文件规定国家文物局宏观管理博物馆事务，但各级政府部门下设的文物局同国家文物局一样，只是管理文化文物类的博物馆，而大量自然科学类的博物馆及其相关机构，在人、财、物方面，均由各级科协、科委、国土、海洋等部门管理（如上海自然博物馆），事实上形成了两大行政管理体系。显然，国家文物局不能有效地履行宏观管理的职责。

（2）创新博物馆内部管理体制，逐步推行董事会制度

董事会制度是随着股份制和所有权与经营权的分离而逐渐发展起来的，已成为现代公司管理的基石。一般认为，董事会具有双重身份、双重性质。一方面，董事会由全体股东选举产生，受托掌管企业，对股东或所有者负责，是企业所有者的利益代表主体；另一方面，董事会负责对重大经营事项作出战略选择，是企业内的经营决策主体。对企业来说，董事会制度早已建立并施行，但对我国博物馆来说，董事会制度还是一个全新的概念。

中国国有博物馆均实行馆长负责制，基本上都是由国家文物局、当地文化局或者其他部门主管，并由主管部门任命馆长，由馆长负责具体管理事宜。在这种管理模式下，一个博物馆的好坏在很大程度上取决于馆长的能力和水平。目前，我国很多博物馆存在着资金短缺或迟迟不能到位的问题，且在运行结构和管理方面长期存在效益不高、运转不畅等问题，这与现有管理模式是分不开的。因此，推行董事会制度非常有必要。

博物馆董事会的构成：博物馆董事会由董事会主席、副主席和若干委员会组成。博物馆董事会设主席1名，副主席2～4名，董事20～40名；董事会内设的委员会一般包括行政、藏品、研究、陈列展示、教育、基建项目、经营推广、外部事务、法律、财务、人事等委员会，具体依据博物馆规模与发展需要确定，每个委员会由3～5人组成，一人可身兼数职。国有博物馆董事会主席可以由主管部门的分管领导担任；副主席和董事由热爱博物馆事业、关心博物馆发展并有能力帮助博物馆正常运作以及实现其宗旨的社会各界知名人士组成。

博物馆董事会的作用：博物馆董事会是博物馆的最高决策机构，重大的决策和指导方针、财务预算、重要项目等都要经董事会表决通过。董事会选聘能够完成博物馆工作任务的、具有管理能力的博物馆馆长来执行其决议，保证博物馆各项工作正常进行。董事会的主要作用是为博物馆的长期发展筹措资金，包括争取捐助，这将改变博物馆长期以来依靠政府拨款、运行经费不足的局面。

因此，在现阶段，利用博物馆快速发展的契机，在博物馆中实行董事会制

度意义重大。第一，董事会制度将从决策机制上实现权责分离，提高决策过程的科学性、合理性，加大相关决策的执行力度，有助于提高管理的效率和服务的质量，进而更好地体现博物馆的公益性。第二，董事会制度能更好地体现博物馆作为社会公共服务机构的性质，各博物馆由代表着公众利益的董事对博物馆的事务（尤其是资产）进行管理，有利于博物馆从公共利益的角度出发，满足公众日益增长的文化生活需求，彰显博物馆的公益性。第三，董事会制度有利于明确博物馆的法人地位，打破博物馆"事业单位模式"和"政府附庸"的外壳，充分保障博物馆的自治权和能动性，使博物馆能有效吸纳和利用公共财政，加强博物馆与社会力量的联系，开展有利于增强其公益性的各种公益活动。

（3）加强博物馆法治建设，实施分级分类管理

我国需要在《博物馆条例》的基础上，加强博物馆法治建设，以规范博物馆的行业行为。首先，国家应制定各类博物馆的各种标准、规范及相应的管理制度，建立博物馆管理基本制度体系。全国各类博物馆以及动物园、植物园、水族馆、保护区、地质公园等博物馆相关机构，都应有符合自身发展规律的若干管理制度。其次，国家应针对不同类型的博物馆制定不同的管理制度，对博物馆进行分类管理，由各行业主管部门负责对本行业博物馆进行业务指导。各级管理部门应按照国家的统一要求，对博物馆进行属地化管理。

随着国家综合实力的不断增强，国家对文化事业的投入力度以及政策上的扶持力度也在日益加大，且逐步出台了相应的优惠政策，制定了博物馆分级标准，并依据建筑规模、藏品数量、展览水平、社会服务效能等将各类博物馆分为一、二、三级。同时，建立了博物馆评估制度，强调博物馆的社会服务效能，每年对各级博物馆进行评估，以评促改。

一级博物馆原则上为国家级博物馆，如现有的故宫博物院、中国国家博物馆、中国人民革命军事博物馆、中国科学技术馆、中国美术馆等，其规划、建设、管理、投资标准高，由国家管理或国家委托地方管理；二级博物馆原则上为省部级以上政府与部门重点建设和管理的博物馆，主要体现区域资源特点及地方或行业部门的经济、文化等的发展需求；三级博物馆为符合博物馆建设资

质的其他博物馆。对博物馆进行分类、分级管理后，管理部门就可依据实际情况，对基础好的博物馆提出更高的要求；并为不同级别的博物馆制定不同的优惠政策。此外，分级标准的确定还有利于针对不同性质、内容的博物馆制定相应的审批条件，使博物馆有明确的努力目标和建设标准。

（三）博物馆营销

在市场经济条件下，博物馆既要举办陈列展览、保护修复藏品、开展学术研究、维护建筑设备，以维持自身的生存，实现其作为社会文化教育机构固有的社会职能，又要适应社会的发展和时代的要求，更新硬件设备，提升整体素质和服务水平，谋求新的发展，完成博物馆宣传教育、娱乐休闲的新的历史使命。上述目标的实现都需要足够的经费支持，但世界上大多数博物馆都面临着资金短缺的问题。因此，当代博物馆要生存和发展，在残酷的市场竞争中立于不败之地，就必须积极进行博物馆营销。

科学合理的博物馆营销，不仅可以为博物馆创收，有效地解决博物馆生存发展所面临的资金不足问题，而且有利于增强博物馆的市场意识，提高博物馆的经营管理和服务水平，扩大博物馆的影响，推动博物馆的现代化进程，从而兼顾社会效益和经济效益。换句话说，进行博物馆营销意味着在博物馆领域主动引入市场机制和竞争机制，这必将极大地激发博物馆的活力，促使博物馆不断改进管理模式、降低消耗、提高质量、更新产品，从而更好地推动博物馆事业的健康发展。

1.博物馆的营销理念及其特点

所谓博物馆营销，就是指博物馆管理者从社会需求和消费者需要的角度出发，分析其自身资源，确定目标市场，采用适当的营销策略和营销手段，满足社会需求和消费者需求，最大限度地实现其社会效益和经济效益的过程。其实，博物馆营销就是运用市场营销理论，结合博物馆的实际情况，对其进行运营和管理，在不影响博物馆提供公益性社会服务的前提下，坚持社会效益优先的原则，努力创造最大的经济效益。因此，要想理解博物馆的营销理念，就必须先了解市场营销的基本理论。

根据"现代营销学之父"科特勒（P. Kotler）教授的说法，"市场营销是社会过程和管理过程，个人和团体通过制造、提供和与他人交换有价值的产品满足他们的必需和需要"。而美国市场营销协会则将市场营销定义为，"关于构思、货物和服务的设计、定价、促销和分销的规划与实施过程，目的是创造实现个人和组织目标的交换"。从上述市场营销的定义可以看出，在市场经济条件下，市场营销实际上是一个系统工程，包含产品制造者、产品、市场以及营销策略等诸多因素，只有处理好每个环节，并使之达到最优配置，才能实现最终的效益。

市场营销理论认为，所谓市场，其实就是指具有特定需求和欲望，并且愿意并能通过交换来满足这种需要或欲望的全部潜在顾客形成的组织。它是市场营销的重要组成部分，市场的特点影响着产品的开发策略和营销策略。因此，在市场营销过程中，必须重视市场的开发，积极采取有效的营销策略稳定已有市场，拓展新兴市场，力争占领广阔的市场，实现经济效益的最大化。而产品则是指能满足消费者某些需要或利益的物质实体和非物质形态的服务。它不仅具有直观的现实意义，还具有抽象的社会意义和心理意义。它也是开展市场营销的重要因素，只有以市场为导向，推出物美价廉的产品，才能够有效占领市场。但仅仅凭借对市场和产品的了解，尚不能实施成功的市场营销，还必须制定适应市场需求、符合产品特点的营销策略，只有这样才能创造出理想的经济效益。营销策略就是为了满足消费者的需求或给消费者带来利益，在对市场和产品进行调查、分析的基础上，确定的包括市场、产品和促销策略在内的市场营销组合，以销售产品并获取利润为目的。成功的市场营销，其实就是通过制定和实施营销策略，实现产品制造者、产品和市场的优化配置，以市场为导向增强产品的适用性和特点，最终达到树立良好社会形象、实现丰厚市场效益的目的。

博物馆营销是市场营销理论在博物馆领域的具体应用。因此，同样需要在营销过程中重视市场、产品和营销策略等要素，并注意处理好它们之间的关系，只有这样才能最终实现社会效益和经济效益的统一。在博物馆营销中，博物馆市场就是指博物馆运作期间总的社会及经济关系，主要由市场主体和市场客体构成。市场主体就是博物馆的经营者（管理者），而市场客体则是指对博物馆有特定消费需求、消费欲望和基本消费能力，并且愿意通过消费交易来实现其消费需求的实际和潜在消费者的总和。博物馆市场的大小主要取决于消费者对博物馆的产品有多少需求或者能够从博物馆获得多少利益，以及有能力消费或实现其愿望的消费者有多少。在某种程度上，博物馆市场就是博物馆的生命线，博物馆一旦失去了市场，也就失去了其生存和发展的根本。

博物馆的产品，则是指博物馆结合自身优势开发的各种文化产品，主要包括博物馆特有的资源、举办的陈列展览、开展的培训讲座、制作的各类出版物和复制品、提供的各项服务等。它是博物馆营销的关键因素，如果博物馆没有内容丰富、颇具吸引力的产品，也就意味着它可能会因此而失去市场。因此，博物馆营销必须高度重视市场和产品。同时，还必须在充分认识和了解市场和产品的基础上，采取符合博物馆经营管理特点的包括市场营销策略、产品营销策略和促销策略在内的各种营销策略，只有这样才能通过灵活的营销手段将博物馆及其产品推向市场，最终实现不断扩大市场、增强产品竞争力、创造最优效益的目的。

虽然博物馆的性质是非营利的社会文化事业机构，但并不意味着它就不能开展经营活动、创造经济效益。随着市场经济的发展和博物馆竞争的日益激烈，为了维持博物馆的生存和发展，使其能更好地适应现代博物馆的发展需求和观众的需求，博物馆进行合法、适度的营销活动是十分必要的。首先，各国政府对博物馆的投入已很难满足博物馆提供高质量服务的需要。所以，它们一方面鼓励博物馆开展多种经营活动，广开渠道吸纳资金；另一方面提倡社会团体和个人对博物馆进行捐助，动员社会力量支持博物馆事业的发展。其次，社会公众素质的提高，使得他们对博物馆及其产品的要求不断提高。为了满足观众的要求，博物馆必须投入更多的资金用于设备升级和质量提升，这势必会增加博物馆的运营成本。最后,博物馆要争取更多的观众,就必须充分运用市场经济的有效方法,加大营销力度,以占领更广阔的市场。

博物馆作为非营利的公益性社会文化服务机构,其营销活动必然与一般意义上的市场营销有所不同。因为博物馆营销的根本目的是创造良好的社会效益和经济效益,从而更好地实现博物馆的社会职能,推动社会的发展和变革。所以,博物馆营销与一般意义上的市场营销相比,具有注重社会效益、兼顾经济效益、追求社会效益与经济效益相统一的特点。

博物馆营销所要取得的社会效益,其实就是指博物馆对提高公众素质和推动社会发展所做的贡献,以及社会公众对博物馆及其工作的认可程度。博物馆运营所需的经费主要依靠政府拨款或社会捐助,而提供资助的组织和个人一般都不要求获得任何经济回报,而更加重视资助所产生的相关社会效益。所以,博物馆营销不用承担向投资者、管理者和工作人员分配经济收益的压力,只需要尽量获得良好的社会效益,以此作为回报。同时,博物馆从事的是公益性服务活动,其成效很难简单地用经济效益加以评估,社会效益便成为评价博物馆营销策略的一个重要指标。因此,博物馆营销要致力于创造良好的社会效益。

为了保证博物馆的正常运营,更好地适应社会发展和公众需求,充分发挥其社会职能,必须在重视社会效益的同时,合法、适度地创造经济效益。博物馆作为非营利性事业机构,决定了博物馆营销不能同一般意义的市场营销一样,将追求经济利益最大化作为最高目标。而应当尽可能地结合自身的性质和职能,在政策、法律允许的范围内,获得合理的经济效益,以促进自身事业的发展。

要保证社会效益和经济效益的统一,博物馆在营销过程中,不仅要注意对博物馆产品的营销,还要重视对博物馆及其工作的营销,加强对博物馆工作的宣传推介,提高民众对博物馆的认知程度。博物馆只有在充分考虑社会需求和公众利益的前提下,树立"源于社会、回报社会"的观念,不断增强其社会服务意识,制定和实施科学合理的营销策略,才能实现社会效益与经济效益的统一。

总之，博物馆营销是一个系统工程，必须在公众的监督下，从社会和观众的实际需求出发，结合博物馆自身的优势和特点，制定切实可行的营销策略，妥善处理营销过程中涉及的各种问题，只有这样才能获得最佳的社会效益和经济效益。

2.博物馆营销策略

根据社会需求和观众需要，结合博物馆的实际情况，制定切实可行的营销策略是博物馆营销的重要环节。在博物馆营销过程中，只有积极制定和实施营销策略，才能将博物馆、产品和市场联系起来，实现博物馆营销的最终目的。在当代博物馆营销中，博物馆的营销策略主要包括市场营销策略、产品营销策略和促销策略。

（1）博物馆的市场营销策略

博物馆市场是博物馆营销的重要组成部分，只有制定和实施科学合理的市场营销策略，才能培育健康、有序的博物馆市场，并使之不断扩大，从而有效地开展博物馆营销。博物馆的市场营销策略主要是通过博物馆市场细分、博物馆目标市场选择以及博物馆市场定位来逐步实现的。其中，准确的博物馆市场细分是博物馆目标市场选择的前提，而博物馆合理的市场定位则必须以市场细分和目标市场为基础。因此，博物馆市场细分、目标选择和市场定位是相辅相成、环环相扣的。

所谓博物馆市场细分，就是指博物馆根据其消费者的需求和特征，将其划分为若干个具有相似需求、便于识别、规模较小的消费者群体的分类过程。博物馆市场细分必须以充分的市场调查为基础，因为消费者的需求具有异质性，只有全面系统地开展以消费者需求为主导的市场调查，才能将其准确地细分为具有不同特点的子市场。例如，在对博物馆观众进行全面调查的基础上，可以根据观众对博物馆需求的差异，将其参与博物馆活动的动机细分为六大类，即娱乐动机、求知动机、偏好动机、猎奇动机、从众动机和归属动机，并由此将博物馆市场细分为休闲娱乐市场、教育市场、审美市场、旅游市场以及资本市场等子市场。对博物馆市场进行细分，可以辨识和区分消费动机和消费需求不同的博物馆消费群体，从而更加深刻、细致地识别各子市场消费群体的特点和需求，最终确立与博物馆资源条件相适应的目标市场。所以说，准确的博物馆市场细分，不仅有利于凸显博物馆市场的特点，还可以有效地为目标市场的选择提供依据。

要成功实现博物馆的市场营销策略，不但要重视对博物馆市场进行细分，了解其不断变化的消费需求和特点，还要结合博物馆自身的资源及其产品，选择相应的目标市场。并且每个博物馆都有自身的资源优势和特点，其产品不太可能满足所有子市场消费者的需求，所以博物馆必须从自身的特点出发，以消费者需求为导向，不断增强产品的适应性，推出能够体现自身特色和优势的主打产品。只有这样，博物馆管理者才能在市场细分的基础上，结合博物馆自身的资源条件和产品特色，对细分出来的子市场进行全面评估，最终在众多细分出来的子市场中选择一个或数个子市场作为自己的目标市场，发挥自己的优势，达到博物馆营销的最佳效果。

恰当的市场定位也是实现博物馆市场营销策略的重要环节。所谓博物馆市场定位，就是指博物馆在市场细分和选定目标市场的基础上，决定采取何种方式向各目标市场提供产品和服务的过程。恰当的市场定位，不但有利于彰显博物馆的特点，树立良好的社会形象，形成健康有序的博物馆市场，还可以帮助博物馆获得有利的竞争地位，实现社会效益和经济效益的统一。博物馆的市场定位必须以市场细分和目标市场选择为依据，通过制定和实施科学合理的市场规划来实现。市场规划的制定和实施都应当从社会需要和消费者的需求出发，结合博物馆及目标市场的特点，遵循开放和主动的原则，采取符合市场经济的促销手段。特别是在制定市场规划的过程中，应当充分考虑可能影响博物馆营销的各种因素，尽量使博物馆营销的市场规划具有一定的适应性。而在实施市场规划的过程中，要随时关注信息反馈，对实施情况进行阶段性的评估，并及时消除影响规划实施的不利因素，这样才能对博物馆市场进行恰当的定位，为博物馆营销创造健康、有序的市场环境。

（2）博物馆的产品营销策略

在实施博物馆营销策略时，除需要营造良好的市场条件外，还应以社会和消费者的需要为导向，不断推出能够满足各细分市场需求、体现博物馆特色和时代特征的产品。这就要求博物馆管理者在营销过程中树立科学的产品意识，在充分了解自己产品的基础上，采取合理的价格策略，只有这样才能赢得市场，最终实现预期的社会效益和经济效益。

通常情况下，可将博物馆产品分为三类：主导产品、辅助产品和服务产品。

博物馆的主导产品就是博物馆组织的各种陈列展览。作为博物馆主导产品的陈列展览，因为具有生产与消费的同一性、完整性、长效性、非竞争性、垄断性等特点，自然就成了博物馆营销活动的中心。可以说，博物馆所有的营销策略都是围绕它展开的。因此，博物馆要成功进行营销，就必须重视博物馆的陈列展览，要在了解观众需求的基础上，结合自身的资源优势和特点，努力开发新产品（即策划组织新的陈列展览），不断提高产品质量（即增强陈列展览的吸引力），争取用优质、新颖的产品占领市场，吸引更多的观众，获得更大的效益。

博物馆的辅助产品主要指博物馆为配合主导产品的推介、树立自身形象而设计生产的各种物品和举办的相关活动。博物馆的辅助产品主要包括：与博物馆本身及其藏品相关的书报、杂志和音像制品，有收藏价值的明信片、照片、画册、纪念图章、纪念币等，珍贵藏品的复制品、拓片等，书画艺术品，其他各种纪念品、礼品等。博物馆举办的相关活动主要包括：组织流动巡回展览，组织与博物馆藏品相关的辅助性教育活动，组织其他各类宣传教育和休闲娱乐活动。总之，辅助产品不仅能激发观众的参观兴趣，有效地开拓市场，还可以通过直接消费或收取活动费用的方式来增加博物馆的收入，使博物馆在发挥社会职能的同时，培养融洽的公共关系，树立公众形象，获得良好的社会效益和经济效益。

博物馆的服务产品可分为有形服务产品和无形服务产品。所谓有形服务产品，主要包括博物馆内提供有偿服务的实体，如餐馆、商店、出租场地等；无形服务产品则渗透在博物馆的各项活动中,如导览、讲解等。博物馆作为公益性社会服务机构,其提供的服务具有多样性。其中,售卖商品时提供的服务是有偿的,而为了更好地发挥博物馆社会职能所提供的服务则是无偿的。博物馆提供优质周到的服务,不仅可以提升博物馆的整体服务水平,为其创造一定的经济效益,还可以帮助博物馆塑造社会形象,增强博物馆对社会公众的吸引力。

虽然博物馆产品在市场营销过程中属于商品,但由于博物馆属于非营利的公益性社会文化服务机构,其产品也表现出不同于一般商品的特殊性。首先,博物馆产品具有长期性和稳定性。其次,一般商品根据价值规律的基本原则,通过市场进行等价交换。而博物馆作为公益性事业单位,其产品的主要作用是推动社会进步和满足公众需求,而不是单纯地追求经济利益。因此,博物馆产品在"交换"过程中经常是不等价的,具有一定的公益性。最后,一般商品往往具有较强的实用性和针对性,而博物馆产品却具有较为普遍的适应性。

博物馆要赢得市场,创造效益,不仅要对其产品有全面系统的了解,还要在此基础上制定科学、有效的价格策略,建立公正合理的价格体系。要严格遵守成本定价原则,即以一定时间为单位,统一计算此时间内博物馆正常运营所需的最低费用,将其作为这一时间内的成本,然后以此为基础确定相应的产品价格。同时,在建立博物馆价格体系的过程中,除了要遵循成本定价原则,还必须考虑竞争程度和社会消费水平等诸多要素。

目前,博物馆的价格策略主要体现在博物馆的门票价格和有偿服务价格两个方面。

门票价格的制定由于受到多方面因素的影响,显得比较复杂。往往是各博物馆依据自身的特点和实际情况自行规定,既可以对所有观众采取相同票价,又可以实行分类、分段的票价,还可以按规定实行减免门票的策略等。总之,门票价格的制定,既要体现博物馆作为非营利社会文化机构的特点,又要充分考虑运营成本、公众消费水平等因素。

一般而言,博物馆的有偿服务属于额外服务,或因服务项目特殊,或因服务成本过高,需要收取一定的费用,如工作时间以外的额外讲解、资料复制等,所以享受这些服务的观众就需要支付一定的报酬。而博物馆作为公益性社会服务机构的特点，又使得有偿服务的价格变得非常敏感，稍有不慎，就可能招致社会舆论和观众的批评。因此，博物馆在提供有偿服务时，必须以做好基本服务为前提，结合有偿服务的性质，服务对象的需求、支付能力等因素，制定公平、合理的价格，力争使服务双方都感到满意。

（3）博物馆的促销策略

促销作为博物馆营销过程中必不可少的重要环节，对于实现博物馆效益具有重要作用。恰当的促销策略不仅可以为观众提供丰富、全面的博物馆信息，加深其对博物馆的了解，提高博物馆的知名度，还可以有效地诱导观众参与博物馆活动，迅速地开拓博物馆市场，更好地为博物馆创收和筹款。所以，只有制定和实施科学合理的促销策略，采取灵活多样的促销手段，才能保证博物馆营销获得成功。

目前，博物馆的促销策略主要包括：塑造独具特色的博物馆形象；采取灵活多样的促销手段；加强对博物馆及其产品的宣传推介。

博物馆在营销过程中，应当从社会需要和观众需求的角度出发，结合自身的资源优势，通过确立适合本馆特点的服务宗旨、设计体现本馆特色的徽标、统一工作人员的着装、推出风格鲜明的博物馆产品等方式，塑造独具特色的博物馆形象。这不仅有利于彰显博物馆特色，弘扬博物馆文化，提高博物馆的整体服务水平，增强博物馆的内部凝聚力，还可以给观众留下深刻的印象，传递更丰富的博物馆信息，不断拓展博物馆市场，更广泛地争取社会资助。

采取灵活多样的促销手段，也是博物馆的重要促销策略。世界各国博物馆营销的实践证明，推出优惠套票、赠送礼品、提供附加服务、调节开馆时间、出让冠名权等方式，对博物馆及其产品而言都是相当有效的促销手段。而且，随着社会的不断进步和博物馆产品竞争的不断加剧，其促销手段也一定会更加多元化。但不论博物馆采取何种形式的促销手段，都必须事先进行广泛的观众调查，以适应社会发展和满足观众需求为目的，只有这样才能顺利实施促销活动。

作为重要的促销策略，对博物馆及其产品的宣传推介，往往可以通过媒体宣传、工作人员推介和观众的口碑效应等得以实现。所谓媒体宣传，主要是指通过互联网、电视、报纸等媒介，对博物馆及其产品进行宣传。工作人员推介则是指博物馆工作人员针对博物馆及其产品组织的各类宣传推介活动。这里所说的工作人员，不仅指博物馆的专职工作人员，还包括所有热爱博物馆事业的非专职工作人员。

事实证明，这些关心博物馆事业的社会力量对博物馆及其产品的宣传推介所起的作用，有时甚至超过了专职的博物馆工作人员。无论是媒体宣传还是工作人员的推介，在对博物馆及其产品的宣传推介过程中，都应力争做到目标明确、内容精准、信息翔实，这样才能达到良好的宣传效果。而口碑效应其实就是利用博物馆观众对博物馆及其产品进行宣传推介。对博物馆来说，口碑效应是以观众对博物馆及其产品的满意度为基础的。因此，要通过口碑效应达到良好的宣传效果，就必须提高博物馆的整体服务水平，提高观众对博物馆及其产品的满意度。

3.我国博物馆营销中的开源节流

在我国，除个别的私立博物馆外，绝大多数博物馆都属于公益性文化事业单位。所谓事业单位，就是指没有固定收入来源，或虽有部分收入，但不能抵消本身支出，所需经费全部或部分由国家财政以无偿形式拨给，以助力其完成国家安排的任务的单位。所以，我国绝大多数博物馆日常运营所需的经费都主要靠政府全额或差额拨给。但近年来，随着市场经济的不断发展和博物馆数量的不断增加，博物馆运营所需的经费也在同步增长。无论是藏品的收购、维护，还是布置陈列展览、开展学术研究、更新维护设备，都需要极大的经费投入。因此，政府的投入逐渐无法满足现代博物馆生存和发展的需要，我国许多博物馆也同世界其他国家的博物馆一样，陷入了经费严重不足的困境。

经费不足势必会影响博物馆陈列展览的质量和其他活动的顺利开展，进而导致观众人数下降，从而形成恶性循环，最终使博物馆丧失生命力。在这种形势下，坚持把社会效益放在首位的同时，改革经营管理模式，积极推进博物馆的营销工作，利用多种渠道增加经济收益，控制成本，已成为我国博物馆谋求自身生存和发展的迫切需求。

博物馆要想从根本上解决经费不足的问题，就必须注意开源与节流并举。所谓开源，就是要求博物馆通过各种途径增加经济收入，最大限度地吸纳运营资金；而所谓节流，则是要求博物馆尽可能地将其日常运营的成本降到最低。只有开源与节流并举，才能在创造经济效益的同时降低运营成本，使博物馆在维持日常运作的情况下得以不断发展。

我国博物馆为了达到开源的目的，已经在学习和借鉴国外博物馆先进经验的基础上，结合我国的国情和各馆的实际情况，逐步建立了政府拨款与本馆自筹相结合的经费筹措机制。其中，博物馆自筹的运营经费主要是通过创收和筹款来实现的。

创收就是博物馆充分利用自身的资源优势，采取各种营销策略，为维持博物馆的生存和发展创造必需的经济收益。目前，我国博物馆创收的途径主要包括门票收入、餐饮娱乐收入、零售业务、场地出租、出版业务等。

门票收入是博物馆最为传统，也是最为有效的创收方式。例如，某年故宫博物院的门票收入高达 3.138 4 亿元，占该年度总收入的 93%，是维持该院日常支出的主要经费来源。门票收入的高低主要取决于观众数量的多少，因此要提高博物馆的门票收入，就必须不断提高以陈列展览为主要功能的博物馆产品的质量，推出符合时代特点和观众需要的新产品，努力吸引更多的观众。同时，还可以通过举办巡回展览、制定适宜的门票价格、适时调整开馆时间等方式，不断满足各类观众的需求，达到增加其门票收入的目的。

博物馆经营餐厅、饮吧和招待所等餐饮娱乐项目，不仅可以适应博物馆社会职能多元化的发展需求，提高博物馆的服务水平，更好地满足观众的各种需求，还可以成为博物馆创收的有效手段。我国许多大型博物馆，如上海博物馆、首都博物馆等，都设有配套的餐厅、咖啡厅、数字放映厅等餐饮娱乐设施，它们往往能够很好地利用博物馆的休闲环境，体现博物馆特有的文化底蕴，形成有别于一般餐饮娱乐场所的独特风格，从而大量地吸引博物馆观众甚至社会公众前来消费，最终创造良好的经济效益。

当代博物馆为了加强对自身及其活动的宣传，创造更多的收益，往往都设有固定的商店。同时，随着临时展览的举办，博物馆还负责经营临时增设的商店。这些博物馆商店出售的商品一般都是为博物馆专门设计、制作的，其设计优美，制作精良，不仅有博物馆藏品的复制品、图片、画册、礼品、纪念品和音像制品等，还有大量受博物馆藏品启发而设计的生活用品等。

博物馆的场地出租也是现代博物馆创收的重要途径。博物馆可供出租的场地主要有博物馆内部的中小型展厅、临时展厅、多功能会议厅以及博物馆附属的广场、停车场等。针对不同场地的特点，既可以组织书画展、展销会，举行重要的节日庆典活动及各类集会，又可以举办招待会、研讨会、培训班等。博物馆通过场地出租，不仅可以有效地创造经济效益，还可以聚集博物馆的人气，增强对潜在观众的吸引力，在无形中起到对外宣传的作用。此外，在出租博物馆场地的同时，还可以利用其特有的资源优势，提供相关的配套服务，如设计娱乐项目、制作特殊的灯光和音响效果等，以创造更多的收益。

博物馆还可以充分利用自己的资源优势，采取与电视台、出版社等机构合作的方式，出版发行与博物馆及其藏品相关的各类图书、音像制品，通过出版业务实现创收。近年来，随着文化产品的市场化、产业化，许多电视作品和出版物都需要利用博物馆的藏品或者建筑物，博物馆可以在保证藏品安全的前提下，提供其所需的资料和相关服务，并收取一定的费用。这样不仅可以使博物馆有收益，还可以更好地对博物馆进行宣传推介。

筹款则是指博物馆通过各种渠道，向各类机构、社团和个人争取财物，以确保博物馆的正常运营和不断发展。我国博物馆筹款主要是通过募捐和建立会员制度等手段得以实现的。

募捐在许多西方国家是博物馆自筹资金的主要来源，如加拿大大部分博物馆85%的经费来自社会公众的捐助。但由于我国长期实行计划经济，再加上缺乏募捐的传统等，博物馆依靠募捐获取的活动经费相对较少。在这种情况下，为了保证博物馆正常运营，更好地适应市场经济的发展，发挥其社会职能，我国博物馆已经开始转变观念，积极地开辟多种渠道，争取海内外人士的资助与捐赠。目前，许多博物馆都设立了专门的筹款部门，负责募集社会各界的捐助。募捐所得不仅包括各类款项，还包括物资、设备。募捐可以帮助博物馆有效解决阻碍其发展的经费问题，进一步提高其对公众的服务质量，而捐助机构或个人则可以通过这种公益活动，回馈社会，提高其知名度，树立良好的社会形象。因此，募捐正逐步成为我国博物馆筹款的重要途径。

博物馆的会员制度不仅能加强博物馆与社会公众的联系，扩大博物馆的影响，还能有效地为博物馆筹款。因此，我国许多博物馆开始积极借鉴国外博物馆的先进经验，建立适合我国特点和博物馆实际情况的博物馆会员制度。例如，上海博物馆就建立了较为完善的会员制度，普通会员每年收取200元会费，高级会员和贵宾会员则每年收取8 000元和80 000元会费。同时，还设有家庭会员、荣誉会员和团体会员。博物馆会员需要定期交纳一定的会员费，同时可以享受博物馆提供的诸多优惠，如免费参观陈列展览、免费获得资料和赠品、优先参加博物馆组织的考察活动等。博物馆实行会员制度，不仅可以筹集会费作为活动经费，还可以组织会员参加博物馆的各项活动，不断增强会员与博物馆的联系，特别是贵宾会员和团体会员，甚至可以将他们发展成资助博物馆的主要对象。

我国博物馆为了缓解经费不足对其造成的压力，在想方设法进行创收和筹款的同时，也非常重视降低运营成本。减员增效和有效利用社会力量便是博物馆降低成本的重要途径。

减员增效是博物馆降低运营成本的主要途径。由于种种原因，我国博物馆长期以来一直存在人浮于事、效率低下的问题，这使得博物馆的大部分或全部收入主要用于人员支出，无法用于博物馆的持续发展和建设。因此，对我国博物馆来说，减员增效就显得尤为重要。特别是在市场经济条件下，博物馆只有裁减不必要的工作人员，不断提高工作效率，才能有效降低成本，在激烈的竞争中得以生存和发展。

博物馆通过组织博物馆之友和招募义务工作者等手段，充分吸引社会力量参与博物馆的日常工作，也是降低其运营成本的有效途径。目前，我国不少博物馆，如上海博物馆、广东省博物馆和湖北省博物馆等，都将关心和热爱博物馆事业的社会人士组织起来，建立了自己的博物馆之友和义务工作者队伍。此举不但可以加强博物馆与社会公众的沟通和交流，争取更广泛的社会支持，还可以利用他们提供的义务服务，有效地减少博物馆的日常支出，达到降低运营成本的目的。

总之，在社会主义市场经济条件下，我国博物馆只有转变计划经济时代完全依靠国家拨款的陈旧观念，积极开展博物馆营销活动，努力发展相关文化产业，从多个渠道筹措资金，尽可能地降低运营成本，提高工作效率，建立完善的社会参与机制，才能最大限度地创造社会效益和经济效益，实现博物馆事业的可持续发展。

（四）博物馆的固定资产管理

1.文物藏品固定资产价值确定

文物藏品是物化的人类民族生存史和发展史，是社会发展历史进程中留下的实物遗存，是古代文明的物质载体。博物馆作为文物收藏机构，收集、保护文物并进行展览和科学研究是其主要职能之一。博物馆必须拥有一定数量和质量的文物藏品，它们是博物馆得以存在的物质基础。文物藏品资产在博物馆中有着重要的地位，可以说是博物馆最重要的资产，是博物馆的灵魂。文物藏品资产保护是博物馆资产管理工作的首要任务，但是在实际工作中，文物藏品资产的管理相较于其他固定资产的管理有较大的难度，这是由文物藏品资产自身的特性决定的。

（1）文物藏品资产的特殊性

文物藏品的唯一性和不可再生性，决定了它既有历史价值、艺术价值，也有一般商品无法比拟的经济价值。

第一，文物藏品经济价值的确定。文物藏品资产如何计价入账一直是博物馆资产管理的难点。其他一般固定资产如果是采购得来的,那么计价入账价值是购买成本加税收和安装、运输等费用。如果是建造的,那么入账价值由该项资产达到交付使用状态前发生的所有必要支出构成。如果是接受捐赠得来的,捐赠方提供了有关凭证的,将凭证上注明的金额加上应支付的相关税费,作为入账价值;捐赠方没有提供有关凭据的,按同类或类似固定资产市场价值入账。博物馆文物藏品的经济价值较难确定是因为其来源渠道复杂,有国家划拨,捐赠,购买,拍卖,文物考古专业机构发掘出土,公安、海关、工商行政管理部门移交,废旧物资回收部门拣选,博物馆之间交换等,有的发生了货币支出,有的没有发生货币支出。复杂的来源渠道使得文物藏品的实际价值与财务资金支出数不能完全对等,因此文物藏品的合理计价入账很难。

第二,文物藏品的易损性。文物藏品特别容易毁损,主要原因有两点:一是文物藏品流传至今,年代久远,自然气候、温度等客观条件会使其产生自然损耗,保存其原始的形态和风貌很困难。二是文物藏品需要合理利用,合理利用文物是保护文物、唤醒沉睡文化记忆的有效途径。利用文物可以达到传承文化、延续民族血脉的目的,但其在有收益的同时也伴随着风险。文物在利用过程中的毁损大致来自以下两个方面:一方面来自博物馆外部。近年来,虽然我国国民素质有了普遍提高,加上国家不遗余力地宣传文物保护的意义,强调保护祖先遗留文物的责任和义务,国人保护文物的意识普遍有所增强,但仍然有部分素质不高的观众在参观博物馆和文物古迹的过程中乱刻、乱画、乱爬、乱摸,人为地造成了文物毁坏。另一方面来自博物馆内部。为科学、有效地保护文物资产,并保证展览效果,博物馆会定期对馆藏文物进行整理和维护,工作人员在调阅文物、展览布展、修复复制、消毒、科学研究过程中易发生事故,造成文物损坏。因此,文物藏品易损毁的特点使其价值具有不稳定性,来自内部和外部的破坏会使文物藏品的历史价值、美学价值、经济价值大打折扣。

第三,文物藏品清理统计、登记入账困难。由于博物馆文物藏品数量大、品种多,因此统计入账非常困难。以古钱币为例,一个博物馆收藏的古钱币可能有几千枚,甚至上万枚,它们的计量不是简单的数量乘以单价,因为它们分属于不同的年代，或者虽属同一个年代，但文物品相或完整性不同，价值和价格也会有很大差距。进行资产清理时要一一清点，分类登记，而财务人员作为非文物专业保管人员又不得随意进入文物保管库房，文物藏品清点就完全依靠文物保管员，清点工作量大，情况复杂，专业要求高，工作开展难度很大。

虽然文物藏品资产具有特殊性，但不能因其特殊就使之游离于固定资产管理体系之外，更要管好、用好。因为它对于博物馆来说是最重要的资产，它是博物馆开展业务活动的物质基础，是博物馆存在和发展壮大的重要因素。博物馆的收藏、科学研究、展览、社会教育等功能都要依靠文物藏品实物及其衍生产品得以实现。文物藏品是国有资产的重要组成部分，将博物馆文物藏品纳入财务固定资产管理体系是必要的，这既是博物馆固定资产管理的重要内容，也是事业单位财务制度的要求。

但现状是，我国博物馆行业文物藏品资产管理质量参差不齐。有的博物馆财务部门没有文物藏品固定资产账目；有的财务部门虽有文物藏品固定资产账目，但只登记了近期通过文物征集发生实际资金支出的文物藏品；有的没有文物藏品固定资产财务账目，用文物保管部门的文物藏品账目代替财务固定资产账目。博物馆文物资产管理部分或全部游离在固定资产财务管理之外，文物资产实物管理与财务管理始终不能很好地契合，也没有形成互相牵制、互相比对、互相稽核的良性管理体制。

文物藏品资产管理成为博物馆固定资产管理的短板，这个管理难题也始终困扰着博物馆的财务工作者。如果将一般企业或行政事业单位固定资产的常规管理方法和体制生搬硬套，用在文物藏品资产管理上，则完全行不通，研究文物藏品的财务管理一定要充分考虑文物藏品资产的特性。目前，文物藏品作为一种特殊的国有资产，将其纳入财务固定资产管理系统最大的瓶颈是文物藏品入账价值的确认。

（2）文物藏品资产入账价值的确认

第一，按照评估价值记入固定资产总账和明细分类账的可行性。文物的定级由国家文物鉴定委员会、省级文物鉴定委员会、市级文物鉴定委员会三级文物鉴定小组专家共同完成。按照国家文物鉴定的分类，文物藏品分为珍贵文物和一般文物。珍贵文物又分为三个级别：具有特别重要的历史、艺术、科学价值的代表性文物为一级文物；具有重要的历史、艺术、科学价值的文物为二级文物；具有比较重要的历史、艺术、科学价值的文物为三级文物。具有一定历史、艺术、科学价值的文物为一般文物。珍贵文物必须由国家、省、市三级文物鉴定著名专家和学者组成的鉴定小组共同鉴定和评价，而后出具相关鉴定表，一般文物由市级文物鉴定委员会给出鉴定意见。

文物鉴定委员会是国家最权威的文物鉴定机构，但委员会专家在定级鉴定过程中只确定文物级别，不确定文物价值，更不估价。因为鉴定是一个科学认知过程，所以不仅在官方组织的文物定级时不估价，而且故宫博物院、上海博物馆等国内大博物馆都明确规定本单位的专家不得以博物院（馆）的公务身份在社会上从事非公务文物鉴定活动以及与文物拍卖有关的藏品鉴定活动，更不得给文物随意定价、估价。

目前，市场上经常采用的文物价格评估途径有两条：一是委托文物鉴赏机构评估，二是通过综合性的价格评估机构评估。近年来，随着国内经济的稳步发展，人民生活水平显著提高，文物收藏市场发展得越来越红火，在经济利益的驱使下，文物鉴定市场稍显混乱。以现在电视上各种火爆的鉴宝节目为例，在鉴定过程中，虽然专家也会根据所鉴定的文物普及一些历史知识或点评文物的艺术价值，向观众普及文物鉴赏知识，但最终吸引观众眼球的仍然是文物的货币价值，观众最关心的还是文物藏品值多少钱。这些节目在文博界引起了很大争议，有质疑专家身份的，有质疑文物真伪的，但质疑最多的还是对文物价值的评估。有专家认为，此类节目的目的主要是炒作文物的价格，扰乱了文物市场的正常秩序。

现在国内市场上或媒体上为文物估价的无论是文物鉴赏评估机构还是综合性的价格评估机构，都是民间组织，而现阶段我国民间文物鉴定既未形成成熟的行业自治机制，也缺乏法律层面的监管。《中华人民共和国文物保护法》等行业法律法规还不能对文物价值评估形成有效约束，文物价值评估标准、机制也未建立起来。文物价值评估还主要依靠行业专家的经验,鉴定专家在评估活动中起着重要的作用。我国虽为文物大国,但是完善的文物鉴定资格认证制度尚未建立。目前,为满足民间日益增长的收藏需要,鉴定专家层出不穷,市场上充斥着许多"伪专家"和"伪学者"。

第二,用同类文物当前市场价格入账的可行性。文物市场价格受很多因素影响,比如战争期间或经济萧条、不景气时期,文物价格会下跌;和平时期社会稳定,文物价格会一路攀升。因此,文物的市场价格除受文物本体价值的影响外,还受社会、经济、供求关系、藏家的喜好等其他不确定因素的影响,呈现出复杂多变的特点。价格会随着供求关系的变化不断起伏。而对于财务核算和管理来说,文物固定资产账不可能始终处于稳定状态,而是随着市场价格不停地变化,因此用文物当前市场价格入账不可行。

第三,将文物征集时的实际货币支出作为固定资产入账的可行性。事业单位固定资产价值认定标准为:"单位价值在1 000元以上,并且在使用过程中基本保持原有物质形态的资产。单位价值虽未达到规定标准,但是耐用时间在一年以上的大批同类物资。"对于文物藏品来说,只要文物藏品达到标准即将其认定为固定资产入账,这种方法也不可取。

一是文物的来源渠道多样,购买和拍卖的文物发生了实际货币支出,调拨、捐赠、考古挖掘的文物没有发生货币支出。没有货币支出不代表没有价值或者价值比有货币支出的文物低。例如,考古挖掘出土文物有的是无价之宝,它当然是博物馆重要的文物资产,如果仅凭购买价格入账,很多这样的文物就会脱离财务监管和控制,成为账外资产。

二是使用货币购买文物后可能出现两种截然不同的情况,造成文物价格的不确定性。一方面,时间的流逝、岁月的变迁赋予了文物更大的价值。文物是人类文明的浓缩,每个时代、每个种族的人们由于价值观不同,对文物价值内涵的复杂性和文物在传承中积淀的精华及文化基因的认识也不同。不同时代、不同种族的人们对文物中储存的大量信息的不同解读使得人们对文物价值的判定通常不能一次性完成,文物的购买价格只是当时社会环境及人们人生观、世界观、文物价值观货币化的体现，只具有相对的稳定性，不具有持久性。随着研究的深入，科学技术迅速发展所提供的技术手段越来越多，人们对文物价值的认识也会逐渐加深，文物的价格也会随之上升。例如，现在购买文物花费了 100 元，10 年后该文物可能值 1 万元，百年后可能值百万元。另一方面，也存在另一种可能性，随着科技的进步，文物造假新技术和新材料层出不穷，原有的一些文物鉴定评估理论已经滞后于科技的发展，现在花大价钱购买的文物可能是赝品，若干年后可能一文不值。因此，文物征集时的货币支出并不能代表其价值，以此作为固定资产的入账价值不符合事物发展的规律。

2.健全文物资产管理办法和体制

博物馆应建立健全文物固定资产管理制度，用财务管理的手段对固定资产的购入、退出严格按照相关规章制度进行确认、计量，使博物馆只有保护和合理利用文物藏品资产的责任和义务，而没有向任何单位和个人以等外品、参考品、重复品为名擅自出售、处理馆藏文物，拍卖文物藏品资产，将已接受捐赠并入藏的文物私自返还，擅自赠送和外借馆藏文物的权力。在财务管理体系中，要设计比管理博物馆其他固定资产更严格、更严密的藏品保护程序和控制制度，为国家管好博物馆的大门。

（1）设计博物馆文物藏品管理内部控制制度

对博物馆文物藏品，应做到制度健全、账目清楚、编目详细。内部控制包括财务控制和管理控制。财务控制只是其中关键因素之一，为最大限度地发挥财务控制的作用，文物管理部门也应制定内控制度，与财务内控制度配合。

文物保管业务部门必须建立藏品总账、分类账及藏品档案，由专人负责登记总账。文物藏品总账登记员不得兼管藏品库房分类账、文物藏品明细账登记。因工作需要提取文物藏品时，必须填写凭证并经过批准，使用完后应及时归库。非库房保管人员未经馆领导批准不得进出库房，库房内不接待观众参观。经批准进入库房的其他人员不得单独进入，必须由库房保管人员陪同，并不得携带提包，进出时间需登记备查。文物藏品固定资产财务总账、明细账必须分别由不同人登记，财务固定资产总账与明细账、文物藏品总账与文物藏品明细账、财务总账与文物藏品总账、财务明细账与文物藏品明细账要经常核对，保证文物藏品（国有资产）万无一失。

（2）清点文物，摸准家底

进行博物馆文物藏品固定资产管理时，摸清家底是关键，要厘清总账、分类账，不挂空账，统一登账，做到账物相符，不留死角。博物馆所藏文物数量和品种较多，这使统计和清点过程异常烦琐，所以这项工作相较于其他固定资产清查工作更复杂。工作人员不仅要具有一定的数据统计工作经验，还要有一定的文物专业水平，更要有细致、认真、严谨的工作态度。

虽然文物藏品资产统计工作很难，但是它也有便利之处。企业固定资产在生产经营过程中不断有新的补充，也不断有固定资产因损耗而退出，账面数据始终处于更新中。博物馆由于文物的稀缺性，文物征集的次数有限，文物数量增减不多。因此一旦清理统计完成，形成准确的数据后，除了新增藏品需要及时录入，统计入账的文物藏品资产具有很强的稳定性，一般不会减少，因此一旦统计完成后，后期的工作量就会大大减少。

（3）建立双效管理体制

在完成文物藏品数量清点的基础上，按照文物保管部门的工作程序，博物馆文物保管部门登记"国家科学、文化财产账"，对新清点的文物建立藏品总目，登记"文物藏品登记总账""文物藏品分类账"；财务人员根据清理统计的准确数据，不论文物藏品价值高低，全部录入财政部门国有资产信息管理系统并及时设立"文物藏品固定资产总账""文物藏品固定资产明细账"，实现财务管理与文物保管部门藏品实物管理的有效衔接，使国家财政部门与文物管理部门同时全面掌握博物馆资产的存量及增量信息，形成双效管理机制。在登记固定资产财务账时还要注意，没有定级的文物，全部要统计进来。

搭建博物馆文物藏品固定资产财务管理和保管部门实物管理双重管理的平台，是博物馆文物藏品固定资产管理有效性的保证。要在文物藏品清查的基础上，建立博物馆文物藏品资产管理系统。文物藏品清点统计工作完成后，财务的文物固定资产管理系统和业务部门的文物藏品数据核对一致后，文物藏品的数量成为关键控制点。文物藏品的数量是财务的文物固定资产账目和业务部门的文物藏品账目同时关注的重点，由这个交叉点搭建起财务文物固定资产账和业务部门的文物藏品账相互核对和牵制的管理平台，数量控制是连接财务部门和文物保管部门的纽带，也是这两个部门的互相牵制点。

当文物藏品增加时，负责文物征集的工作人员凭文物保管员验收后签字的四联文物藏品入库单，在保证文物已入库管理、管理权限转移的前提下办理相关文物藏品征集费、工作人员差旅费的报销手续（控制点一），文物保管业务部门凭入库联登记文物藏品总账和明细账（控制点二），财务部门凭财务记账联登记固定资产总账和明细账（控制点三），底根联由文物保管业务部门永久整本保存、存档备查（控制点四）。这样在操作过程中单位财务部门会同文物保管业务部门根据藏品入藏凭证或注销凭证同时调整相关账务，确保账、物相符。财务部门还要定期或者不定期与文物保管业务部门一起对文物藏品资产进行清查盘点和核对数量（控制点五），年度终了前必须进行一次全面清查盘点（控制点六），做到账、卡、物相符。对于盘盈、盘亏的文物藏品要及时查明原因，并按照相关规定处理。核对一致后财务部门才能在年终决算时向财政部门上报固定资产年报，业务部门才能向文物主管部门编报文物藏品统计表，甚至可以把彼此的报表作为附件一起上报（控制点七）。

在文物藏品进入固定资产财务账管理的同时，文物保管业务部门要加强文物藏品账的管理。在计算机应用技术广泛普及的今天，不少博物馆采用的还是原始的手工记账方式。文物保管员守护的是老古董，但我们的思想和保护技术不能像古董一样陈旧，不能因循守旧。文物保管业务部门要对文物藏品建账、分级、建档和备案。档案不仅要有与文物藏品有关的科学、准确、翔实的专业资料，还要有反映相关文物保护的资料，这不仅有利于对文物进行保护，也是在文物遭遇损毁时最重要的法律依据。

文物藏品账要与时俱进，更新管理手段和技术，充分利用计算机多媒体技术，建立馆藏文物文字说明、图片、数据、拓片、音像等信息的数字化档案，建立健全珍贵文物藏品信息数据库。一方面，实现文物藏品的数字检索和统计功能，对文物的出入库、修复等信息进行动态化管理，便于日常查找和使用；另一方面，用数据库信息中的图片信息或二维动画、三维动画代替实物，减少文物提用次数，也可以在一定程度上对文物起到保护作用；第三，便捷、高效的系统化、智能化、科学化、规范化的馆藏文物数字信息管理系统，也可以为与文物藏品财务固定资产管理系统进行数据核对、交换创造条件。

（4）保护文物资产的新途径

现代社会是信息社会，多媒体技术和信息高速公路的普遍应用，使得政府与公众的沟通更加便捷，政府机构、事业单位的信息公开是发展的大势所趋。国外一些博物馆已经与时俱进，博物馆资产接受社会监督已成为常态，是监督博物馆资产的重要举措。国有博物馆的文物藏品是国有资产，是全民所有的公共财产，应该作为公共信息公开。尤其是博物馆精品文物，更应做到信息公开。只有文物信息公开了，博物馆管理者才会放下身段，以谦卑的态度来对待自己手中的宝物，以负责的态度来小心翼翼地管理这些资产，彻底改变玩忽职守的风气；只有文物信息公开了，任何人或组织才不能随意处置文物；只有文物信息公开了，少数爱好文物的领导干部才不能打着借阅、欣赏的旗号把国有文物资源据为己有；只有文物信息公开了，才能促进文物的合理利用。

总之，文物信息透明、公开有利于形成全社会共同参与文物保护的新格局，解决文博界一些积重难返的问题，可以利用社会力量加强对文物资产保护和合理利用的监督，堵塞漏洞，纠正偏差，促进博物馆事业健康发展。国有博物馆工作人员要解放思想，适应时代的发展，顺潮流而动，满足广大群众的知情权，走出自我封闭的专业圈子，适时面向社会开放，建立资产信息公开制度。

3.创新文物资产财务管理方式

文物藏品资产在国有资产中较为特殊，对它的管理不是管好、管牢、不坏、不丢这么简单，而是要创新思维，构建新的管理体系。

（1）鼓励保护与利用并重

对文物藏品资产这一特殊国有资产而言，只保护不利用是对资产的闲置和浪费。文物不仅要保护，也要合理利用。虽然文物是唯一的、不可再生的，但文物中包含的信息是可共享、可衍生和无限的。只有充分利用文物承载的信息，包括文物的历史、造型、纹饰及其他文化内涵等，通过展览、展示、研究等手段合理利用，文物所蕴藏的信息和古人的智慧才能显露出来，成为我们从事科学研究、进行爱国主义和革命传统教育、建设社会主义物质文明和精神文明的珍贵资源。文化是"活"的，相较于经济、军事、政治，文化更能深入人心，引领社会风尚。合理利用文物能使我们博大精深的民族传统文化更广泛地传播开来，唤起人们对文物的喜爱，加深人们对文物价值的理解，全面推进文化传承与发展，从而直接或间接地起到保护文物的作用，真正实现文物的价值，获得最大的社会效益，同时也能获得一定的经济效益。

文物资产的财务管理不是"死看硬守"，不能把"不丢失"这个低级目标作为工作标准。在保证文物藏品"安全"的基础上发挥它的作用，才是保护的目的，合理利用本身就是一种保护的形式和措施。如果文物藏品不利用和传播，一旦文物本体消失，它承载的文化内涵就会随之消失。因此，研究文物藏品资产的财务管理，首先要转变观念，文物藏品的保护不是死保固守，而是要保护与利用并重。文物资产的财务管理就如资本财务管理一样，资本停留在账上不流通只会贬值，只有进入流通领域与市场结合才能创造新的价值。文物资产财务管理也一样，合理利用文物，是文化繁衍的需要，是建设文化遗产强国的需要，是历史赋予我们的使命，是保护人类共有文化遗产的需要，也是我们进行文物藏品资产财务管理的动力源泉。目前，全社会参与文物保护与传承的热情日益高涨，这正是我们发展文物事业的好时机，我们要以此为契机充分保护好、利用好文物藏品资产，满足广大人民群众多层次、多方面、多样化的精神文化需求。

"保护为主、抢救第一、合理利用、加强管理"是《中华人民共和国文物保护法》规定的文物工作应贯彻的基本方针，它为我们诠释了保护与利用的关系。在文物资产的财务管理上，我们反对"不用"的同时，也坚决反对"滥用"。文物的保护和合理利用要遵循科学应用、有序发展的原则。博物馆要处理好文物保护与合理利用的关系，既要尊重文物自身的客观规律，又要做好对公众的服务。

（2）科学、有序地推进文物的合理利用

第一，财务人员要对博物馆文物保护与合理利用项目进行可行性分析。对文物资源的保护和合理利用要坚持把社会效益放在第一位。博物馆对文物藏品资产的管理和运用与企业对资产的管理和运用有着本质区别。企业在保证资产安全的同时追求利润的最大化，经济利益是企业资产运营的第一诉求，而对博物馆资产合理利用的首要目的不是追求经济效益，而是社会效益，是为公众的利益服务。因此，在利用文物资产的过程中，不能为追求经济效益急功近利，过度利用或毁灭性利用文物藏品资源。

第二，财务人员要进行内控制度设计。针对利用文物可能出现的风险，财务人员要多次进行模拟实验，在文物藏品资产调度、转移环节设立多重内控点，尽量减少文物藏品资产的转移次数，有效降低损害风险。文物藏品可以用于展示、展览、服务、旅游和地区经济发展等各个方面。在利用文物藏品的过程中不可避免地需要提取文物藏品，使文物藏品资产本体发生转移。财务人员在进行内控制度设计时要有意识地多设控制点，多设牵制部门和人员，使有权接触文物的部门和人员之间相互制约；尽量减少对文物藏品资产本体的反复提取使用，确需提取文物藏品时，在调阅、展览布展、修复复制、消毒、科学研究过程中，在各环节应设立控制点，按规范执行，严格按照操作规程操作并加强维护和保养，提升文物保护和合理利用的水平，同时应建立文物藏品技术档案和使用情况报告制度。对已经提取的文物藏品资产信息资源，比如照片、拓片、光碟、出版物、官网资料等文物载体原始信息，利用现代信息技术高速发展创造的有利条件，从不同主题、不同领域进行解读，深度开发、加工和广泛利用，充分发挥文物藏品信息资源对文物保护、抢救和管理工作的促进作用，从根本上改进文物的展示方式和利用手段，杜绝或有效减少文物在利用过程中的损毁现象。

第三，遗址类博物馆的影视拍摄任务。拍摄遗址类博物馆时应规定文物藏品不得出馆，必须在本馆内进行拍摄。拍摄地点不得选在文物库房内，拍摄前应制定严格的文物保护措施及操作规程,必须由本馆工作人员全程监护。每次只能提用一件文物,且文物的摆放、移动均要由博物馆专业人员操作,非文物保管人员不得接触拍摄文物。拍摄全过程必须有安保人员在场,确保不对馆藏文物造成伤害。

(3)文物资产的所有权与安全管理

在合理利用文物藏品资产的过程中,财务部门应做好领导的参谋工作,坚持由博物馆文物保护部门全权管理文物藏品,不要轻易办理将文物藏品管理权、使用权转移给经营单位的手续。这包含两方面的含义:一是文物藏品本体的经营权、管理权不要轻易转移;二是要保护文物藏品资源信息,不随意让渡所有权、使用权。不能保护文物藏品本体及文物藏品的所有权、经营权、使用权必定造成文物藏品管理和保护失控,给文物藏品带来不可逆转的损害,或使资源收益外溢。

博物馆文物藏品的所有权归国家,按照规定文物藏品不允许流通,但文物藏品的基础信息除国家特别规定的一些关系到国家利益和社会安全,限制其公开的,一般的文物信息可以成为商品进行流通,以使文物藏品发挥最大的社会效益和经济效益。博物馆作为体制内运行的全额拨款事业单位,长期以来侧重对文物藏品历史价值、艺术价值、文化价值的研究,对文物的经济价值认识不够。博物馆工作人员虽然是研究历史和博物馆学的行家里手,但是由于他们长期在相对封闭的事业单位工作,收入稳定,因此缺乏竞争意识,没有商品意识和经营意识,往往不能主动发现文物藏品的经济价值。有时也会因为手里的"宝贝"太多而掉以轻心,被久经考验、在市场上摸爬滚打锻炼出来的社会企业钻空子,在不知情的情况下让渡文物信息的使用权。

博物馆财务人员是在这个特殊行业中从事经济工作的人员,既懂经济又长期受传统文化的熏陶,有一定的文物保护意识,因此要充分利用自己的专业特长,履行提醒义务,提醒其他工作人员在对文物藏品进行合理利用时不仅要保护好文物藏品本体的安全,还要保护好文物藏品的基础信息,包括文物藏品的体态、文字、图案、纹饰、结构等。要把这些特殊的符号作为博物馆的知识产权,充分重视并进行管理,牢牢抓住其所有权、经营权、管理权。从社会效益的角度来说,要通过合理开发和利用提升文物藏品和博物馆的社会影响力和市场价值;从经济效益的角度来说,要通过合理开发和利用文物资源获取经济利益,为文物保护提供强有力的物质保障。

文物藏品的所有权是国家的,文物的保护、文物信息资源的采集都是国家投资的,是财政性资金支出,按照"谁投资、谁收益"的原则,文物信息开发的收益也应属于国家。国家不能只有投入没有产出,当实现产出时国家就会把收益无偿让渡给企业。因此,当博物馆的文物藏品资产信息的使用、共享体现政府公益性目的时,可以是无偿的,但一旦商用,就应受到限制,应当是有偿的。

有偿的收入应作为博物馆非税收入的一部分,弥补成本、缴纳税费后上缴国库,由国库统筹安排作为文物保护的专项经费,以此使文物保护和经济发展相辅相成,形成良性循环。由于文物资源商用时需要投入大量资金,还可能吸收社会资本并调动各方人员参与,而企业要求能收回投资并有一定的利润,参与人员也要获得经济报酬,因此在对文物信息资源进行开发和利用时,要努力平衡各方的利益,确定合理的要素比例,调整利用结构,使文物资产的开发和利用既不会导致资源不足,也不会造成资源浪费。

第三节 专门博物馆学

由前文可知,专门博物馆学是指把一般博物馆学的理论与工作方法应用于某些专门博物馆领域的学科。由于它的研究范围是特定的,是针对各专门博物馆本身展开探讨的,因此其理论及方法也随着专门博物馆处境的不同而发生变化。20世纪五六十年代,人们对地志博物馆的积极研究其实就属于专门博物馆学领域，但随着时代的进步，地志博物馆学的重要性已发生变化，取而代之的是多种多样的不同的专门博物馆学。它们有的早已存在，有的刚刚出现，研究领域既有自身特色，又都共同建立在一般博物馆学理论与方法的基础上，即在博物馆一般规律的框架内研究特定领域博物馆的现象及其特殊规律。专门博物馆学由许多不同领域的学科组成，包括下面要介绍的民族博物馆学、遗址博物馆学、私立博物馆学、社区博物馆学、数字博物馆学等，随着社会的发展和研究的深入，还将有更多的专门博物馆学分支不断产生。

一、民族博物馆学

民族博物馆指的是有关少数民族的一种专业性博物馆。民族博物馆学主要研究民族博物馆事业的发展方向，探索民族博物馆的理论、方法和管理上的问题，研究内容主要包括以下几个方面：

一是研究我国民族博物馆事业的发展历史，探索博物馆事业在不同社会发展阶段的不同性质、作用、形式、特点和发展规律，以便开阔视野，有所借鉴。

二是研究民族博物馆建设的基本原理，探索民族博物馆的性质、任务和发展方向，研究民族博物馆的分类和各类民族博物馆的特点。

三是研究民族博物馆的文物鉴定、收集整理、保管修复、陈列展览、宣传教育以及文物摄影等方面工作的原则和方法。

四是研究与民族博物馆的建筑设施、科学管理、职业特点和道德规范等有关的问题。

民族博物馆学除对本学科的研究对象、任务和方法进行研究外，还要研究各民族的物质文化和精神文化，涉及生产活动、社会制度、生活习俗、文化艺术、科学技术等社会各方面的问题。

二、遗址博物馆学

遗址博物馆是指在古文化遗址上建立的发掘、保护、研究、陈列该遗址文化的专门性博物馆。1958 年，西安半坡遗址博物馆建立，是中国第一个在遗址发掘地建立的博物馆，继而北京定陵博物馆、陕西秦始皇帝陵博物院、北京考古遗址博物馆（大葆台西汉墓遗址）、沈阳新乐遗址博物馆、南越王博物院等纷纷建立。20 世纪 80 年代中期。张文立提出遗址博物馆的概念并对其进行研究，主要研究成果有《遗址博物馆科学研究的探讨》《遗址博物馆的社会教育功能》《关于遗址博物馆学研究的建议》等文章。之后，孙霄的《试论遗址博物馆的个性特征》、张云的《试析遗址博物馆讲解之特点》、罗葆森的《遗址博物馆新馆舍建设中几个理论问题的探索》相继发表。中国在遗址博物馆方面的研究，在世界上较为领先。

遗址博物馆学主要是研究遗址博物馆的发展方向和内在规律的科学。从内容上看，遗址博物馆学主要由理论和应用两大方面构成，理论研究主要阐述遗址博物馆的基础知识、发展历史及规律、各学科与遗址博物馆的关系等；应用研究主要包括遗址博物馆的管理、文物保护、考古发掘等方面的内容，两个方面紧密相关，共同构成遗址博物馆学的理论体系。理智《遗址博物馆研究——兼述陕西遗址博物馆》、吴永琪《遗址博物馆学概论》等著作的出版，使遗址博物馆学发展更加体系化。

三、私立博物馆学

私立（非国有）博物馆作为社会办馆的一种形式，已成为当今博物馆事业发展的一个重要方向，正在逐渐兴起。《中华人民共和国文物保护法》的出台和配套法规的制定，更加速了国内各类博物馆的建设。文化部（现为中华人民共和国文化和旅游部）颁布的《博物馆管理办法》正式将现有博物馆分为国有博物馆和非国有博物馆来管理。国有博物馆是指利用或主要利用国有文物、标本、资料等资产设立的博物馆，反之，使用或主要使用非国有文物、标本、资料等资产设立的博物馆为非国有博物馆。

由于非国有博物馆具有非公立性，所以其也被称为"私立博物馆"。从中国私立博物馆的发展历史来看，我国第一座具有现代意义的博物馆——南通博物苑就是张謇举私人财力而兴办的。中华人民共和国成立后经过了几十年的停滞时期，从20世纪90年代初，私立博物馆作为公益性文化机构开始正式注册运作。从博物馆资产的属性、博物馆运作资金的来源、博物馆办馆的主体和博物馆隶属关系这几个方面来看，私立博物馆的形式也是复杂多样的，名称尚不统一；从目前的研究课题来看，学界对社会团体或个人出资的私立博物馆、民间收藏家或民营企业家兴办的私立博物馆、个人兴办的私人博物馆、企业兴办的行业博物馆等都有研究。

据统计，博物馆事业发达的美国拥有全球最多的博物馆，其中私立博物馆约占40%；相比之下，我国私立博物馆的数量远没有那么多。我国现有私立博物馆虽然出现时间也不长，但它们对长久以来形成的博物馆管理体制、观念、方法还是有很大影响的，发展也比较迅速。同时，受各种客观条件的制约，我国私立博物馆自身的发展也存在着诸多问题，如资金拮据、管理无序、业务欠缺等，这些都引起了博物馆界的广泛关注。虽然现在还没有专著发表，研究尚未形成系统，但从中国博物馆目前的发展形势及学界的关注程度来看，以上问题将是今后一段时期内的重要研究课题。

私立博物馆学的研究内容主要包括私立博物馆的社会地位、意义、运作模式、管理、存在问题、发展方向等，这方面的研究成果主要有陆建松的《上海市行业博物馆建设：意义、现状及其存在问题思考》、史习良的《论加强行业博物馆的规范管理》等。

四、社区博物馆学

社区博物馆是 20 世纪 70 年代发展起来的新型博物馆,是一种以收藏、保存和展示与当地社区居民在感情上有千丝万缕关联的、反映该地区社会发展与自然环境变迁的历史见证物为手段,以提升社区居民素质,增强居民的认同感和归属感,推进社区的经济、文化发展为目标的机构。博物馆融入社区既与 1974 年国际博协为博物馆规定的新目标"为社会和社会发展服务"相一致,又与主张直接服务于社会和社会发展的新博物馆学运动密切相关。1998 年,博物馆学主流派与新博物馆学派联合召开了以"博物馆与社区"为主题的会议。社区不仅指地区,而且可以指文化群体、政治群体乃至一个单体社会,一个自然与人文的整体社会。乡土博物馆、邻里博物馆、生态博物馆都可纳入社区博物馆的范畴。

中国对社区博物馆问题的关注和研究是从 20 世纪 90 年代后半期开始的,最初是以介绍国际博协会议中的相关议题以及国外博物馆服务社区的信息为主,接着相关研究者陆续发表了探讨文章,吕济民在《跨世纪博物馆的走向》一文中指出,博物馆服务社区的走向是跨世纪博物馆的发展趋势,也是社会发展的需要。2001 年,国际博物馆日的主题为"博物馆与建设社区",成为博物馆学界讨论的热点之一。许多学者就博物馆参与社区建设的必要性以及博物馆服务社区的方法、途径等问题,从不同角度发表了自己的观点。李文儒主编的《全球化下的中国博物馆》一书中,有一组关于"博物馆与社区"的专题文章,这些文章原刊载于《中国博物馆》《中国博物馆通讯》《中国文物报》及其他学术刊物,基本反映了我国博物馆界对博物馆服务社区这一课题研究的大致水平。吕建昌的《博物馆"社区"概念及社区博物馆》一文对社区博物馆的由来与形态进行了全面分析。

社区博物馆在西方已经有半个多世纪的发展历史,英国、法国、德国、澳大利亚、日本等国家都有许多社区博物馆,而我国博物馆服务社区建设的活动才刚刚起步，但我们在生态博物馆的建设方面取得了很大成就。我国从 20 世纪 80 年代开始传播生态博物馆思想，《中国博物馆》杂志从 1986 年开始陆续刊登了一批我国博物馆研究者撰写的有关博物馆与环境保护的论文以及与国际生态博物馆运动有关的资料。我国从 20 世纪 90 年代开始着手建设生态博物馆，1998 年，我国第一座生态博物馆——贵州梭戛苗族生态博物馆建成开放，其后我国又在贵州、云南、广西、内蒙古等地兴建了 11 个生态博物馆。2005 年，贵州生态博物馆群建成暨国际学术论坛在贵阳开幕，来自 15 个国家的近 100 位代表参加了此次学术论坛，宣读了 35 篇论文，交流了近 40 个生态博物馆的实践经验和做法。《2005 年贵州生态博物馆国际论坛论文集：交流与探索》汇集了生态博物馆的先行者和一些著名的理论家及各国代表的论文和经验介绍，对生态博物馆运动的起源到全球发展现状都进行了研究，其中苏东海、胡朝相、黄春雨、宋向光、容小宁等发表的论文代表了中国生态博物馆学的研究水平。在中国的专门博物馆学研究中，从与国际学术界直接交流的角度来看，生态博物馆学的研究无疑走在了最前列。

五、数字博物馆学

数字博物馆是信息时代的产物，兴起于 20 世纪 90 年代。国内学术论文最早介绍数字博物馆的，是甄朔南的《正在兴起的数字化博物馆》一文。其后，关于数字博物馆各方面的探讨相继涌现，如孟中元的《对数字化博物馆的认识与思考》、陆琼的《网上博物馆与传统博物馆》等。陈宏京所著的《数字化博物馆的原理与方法（单机版）》由复旦大学出版社出版，其使数字博物馆的理论研究不断深入。2003 年，中国博物馆学会成立了数字化专业委员会，推动了数字博物馆的发展。

数字博物馆的重要性和优越性已得到我国博物馆界的普遍重视，研究成果也比较丰富。据统计，关于数字博物馆的定义就有六种。金瑞国在《数字博物馆工程刍议》一文中提出，数字博物馆可以从两个层面来看："对于单个博物馆来说，它是指利用数字化手段，实现藏品保存、陈列展示、科学研究和社会教育等功能，构筑虚拟世界的博物馆（文化信息资源集中地）；对于普遍意义上的数字博物馆来说，是指利用数字技术对文物（包括可移动文物和不可移动文物）信息进行全方位和多形式采集、标准化存储和加工，并通过网络连接和一系列相关规定、协议，实现文物信息的资源共享、有效利用和科学管理，为不同用户提供数字化的辅助决策、科学研究、展览展示、文化交流、教育培训和游戏娱乐等服务的综合信息系统。"

传统博物馆是以实物见证的形式反映人类现实世界的存在，数字博物馆则以虚拟的信息展示人类现实世界中存在但不在场的实体与现象，它主要由计算机网络平台、文物档案数据库、虚拟藏品库、数字展示终端、远程教学软件、博物馆资源与博物馆论坛、社会服务等方面构成，功能包括博物馆概况介绍、博物馆展览及藏品介绍、学术成果介绍、博物馆服务设施及功能介绍、博物馆与观众在线互动等，对传统博物馆来说是一种在时间和空间上的延伸和扩充。

数字博物馆是数字化技术在博物馆领域应用的集中体现，从目前的建设状况来看，基本是由博物馆专业人员和信息技术人员合作建成的，因此对数字博物馆的研究，两方面的人员都在进行探讨，各有侧重，且随着信息技术的不断更新与发展，数字博物馆学理论建设发展的速度明显占据优势，今后也是一个需要长期探讨的重要课题。

第三章 中国博物馆学理论体系

从学科门类来看,博物馆学在中国的学术地位并不算高,是历史学科下的二级学科;从学科体系及内容来看,其基础理论仍很薄弱。中国博物馆学理论体系的未来发展,还将受各种因素的影响。内在因素主要表现为博物馆学自身的学科特点,外在因素则表现为国内社会环境和学术环境、与国外博物馆学界的交流等多个方面。如何发挥和利用积极因素,克服消极的不利因素,对中国博物馆学的未来有重大影响。

第一节 中国博物馆学理论体系的发展概况

在博物馆学者的共同努力下,中国的博物馆学在普通博物馆学、应用博物馆学、专门博物馆学三方面都取得了重要成果,并在不断丰富和完善。从学科角度来说,中国的博物馆学发展时间并不算长,况且中国博物馆学又受到了社会变革的影响,因此与其他学科相比,博物馆学在学术理论和学术方法上难免存在一些薄弱之处。

从中国博物馆学理论体系的三个发展阶段来看,中国博物馆学尚未达到与以西方博物馆学为代表的世界博物馆学完全接轨的程度。中国的博物馆学是从西方传入的,西方的博物馆学始于18世纪,中国是从19世纪中叶接触到博物馆学的。因此，在第一阶段，中国早期的博物馆学专著多以西方著作为蓝本，所引书目也多为西方著作，难免有晦涩难懂的内容，加之中国博物馆的实践尚处于起步阶段，还不能全盘理解和吸收西方博物馆学的基本内容，因此这一时期的中国博物馆学术界，虽然对外关注的程度和主动吸纳的速度都不差，但由于自身的实践和理论水平有限，还没有达到与世界博物馆学交流并轨的程度；第二阶段，中国博物馆学把对西方博物馆学的关注转向苏联博物馆学，尽管苏联博物馆学是基于欧美博物馆学体系发展起来的，其水平也代表了当时的世界博物馆学，但中国当时是在刻意模仿苏联，限制了自身的创新能力，并且也缺乏与世界博物馆学交流的主观意识和客观条件，学科建设进程缓慢；直至第三阶段，中国博物馆学逐渐与世界博物馆学开展直接交流，关注和介绍世界博物馆学的前沿理论成果，参加国际博物馆学界的学术探讨，而且自身学科发展迅速，研究成果大量涌现，并将有中国特色的博物馆学理论体系作为发展目标，改变了中国博物馆学发展的前两个阶段单向吸收的被动局面，自我创新意识不断加强。但从目前中国博物馆学理论体系来看，学术交流的层面还远远不够广泛，中国博物馆学研究中引用和借鉴西方理论成果的数量与质量都不够，整个博物馆学理论体系还需要向以西方博物馆学为代表的世界博物馆学借鉴发展经验。

从中国博物馆学理论体系结构与内容来看，各分支学科的发展呈现出不均衡的态势，专门博物馆学领域不断扩大，应用博物馆学发展迅速，而普通博物馆学则相对薄弱。在中国博物馆学理论体系的三个主要组成部分中，有关应用博物馆学和专门博物馆学的著述数量明显更多，且呈上升趋势；而对普通博物馆学的研究，尤其是在博物馆学的基础理论方面，研究成果较少。应用博物馆学和专门博物馆学与博物馆工作实践联系密切，易于入门，又是广大博物馆工作者必须掌握的理论知识，因此开展的研究也较为广泛；而在普通博物馆学相关研究中，相对于博物馆学基础理论来说，大众对博物馆这一事物更熟悉，关于博物馆的基本理论较易被理解和运用，这就导致博物馆学基础理论方面的研究较为薄弱。

长久以来，普通博物馆学相关研究较为薄弱，这对博物馆学理论体系的影响主要有两方面：一是使博物馆学自身学科地位难以提高；二是由于缺乏普通博物馆学的指导，应用博物馆学和专门博物馆学难以深入。由于其他理论与博物馆工作密切相关，博物馆界更关注，客观上造成了这种"避虚务实"的研究局面，对此应从两方面分析：一方面它说明了目前在博物馆学范畴内的论述，容易停留在实际操作的层面，往往局限于感性经验之谈，难以上升到理论和理性的高度；另一方面也应看到，经历这样一个阶段对中国博物馆学来说也是正常和必要的，从博物馆学的自身产生和发展来说，最初也是应用博物馆学先发展、普通博物馆学再逐渐发展起来的，没有应用博物馆学和专门博物馆学的积累和沉淀，普通博物馆学就会缺乏深度和高度，因此不能轻易否定这种状况。但当积累到一定程度时，必须上升到更高的理论层次，否则就会影响博物馆学科的整体发展，因此今后的课题应在如何加强普通博物馆学研究方面进行必要的探讨，使博物馆学基础理论有更多突破。

在从传统博物馆学向现代博物馆学的转化过程中，博物馆学理论体系受到自身和外界各种因素的影响，其结构和内容必然发生变化，致力于与国际接轨并具有自身特色的中国博物馆学理论体系越来越成熟。现代社会给博物馆带来的直接变化就是应用新的理念和新的技术，博物馆不再被简单地视为一种社会机构，它被当成一种有目的的文化现象来加以重新审视。博物馆文化正逐步形成一种理念和行为模式，博物馆的观念也发生了根本变化，立足之本从"物"转向"人"，它的功能从为观众服务向为社会和社会发展服务延伸，面对博物馆与全球化、博物馆与文化遗产、博物馆与环境、博物馆与社区、博物馆与经济等与社会发展密切相关的新课题，博物馆学研究领域出现了许多新内容。

相关学科的理论成果也促进了博物馆学领域内交叉学科、边缘学科的产生，冲击着博物馆学原有的理论体系框架。正因如此，博物馆学研究者在与国际接轨中更应提高理论观察和分析能力，在博物馆实践中发现和总结自身特色，积极利用各种有利因素，克服消极影响，在现代社会发展趋势下完善自身建设。在目前良好的国际、国内环境中，中国博物馆学理论体系正呈现出前所未有的快速发展势头。

中国的博物馆学理论体系虽然不完善，但发展趋势是极为有利的，积极的因素越来越多，消极的因素越来越少。博物馆界普遍提高了对博物馆学的关注度，加大了研究力度，但还有许多需要加强的方面，对此有以下几点建议：

第一，加强博物馆学综合研究。就目前的中国博物馆协会来说，藏品保管、博物馆安全、博物馆建筑空间与新技术、博物馆学、博物馆数字化、博物馆管理、博物馆图文典籍与金石拓片、纪念馆、乐器、高等学校博物馆等专业委员会纷纷成立；在博物馆内各部门的分工上，保管部、陈列部也是各司其职。在这种局面下，出现了博物馆学术会议专门领域探讨多、综合领域探讨少；博物馆学著作论文集多、专著少的现象，而且熟悉博物馆学各领域的博物馆学专家屈指可数。因此，博物馆作为学术领导和组织机构，可多举办综合性专题研讨会，在学术期刊上集中展开一些综合性专题研讨，使中国博物馆学向纵深发展。

第二，加强博物馆学高层次人才的培养。博物馆学作为一门学科，不仅需要博物馆一般工作者，还需要众多学科理论研究者，中国博物馆学要想与国际接轨，就要了解自我，了解世界。从20世纪初的博物馆倡导者张謇、蔡元培，到20世纪三四十年代的博物馆学家曾昭燏、杨钟健、韩寿萱等，都从西方借鉴实践经验或理论成果，特别是曾昭燏等人直接引入了西方博物馆学理论，对当时中国博物馆学的发展具有重要意义。

改革开放以来，大批人才被派出留学，但在博物馆学领域有较深造诣的人极少。要掌握和领会西方博物馆学理论精髓，通过短期的访问和参观是不可能做到的。在目前中国的博物馆学研究中，论述中国博物馆学各类课题和介绍翻译西方博物馆学著作的居多，直接研究西方博物馆学的则很少，这种状况如果得不到改善，就难以实现与国际接轨的目标。目前，中国的留学人才大部分来自教育部所属院校，各高等院校的博物馆学教育应该在走出国门、了解世界方面领先一步，打破博物馆学学科地位低导致人才难以派出，进而导致学科水平提升缓慢的不良循环。

第三，提升博物馆学学科地位。对于博物馆学的学科地位一直提升不上去的原因，人们有很多不同看法：有人认为博物馆学没有独立的方法论，有人认为博物馆学缺乏深厚的理论（如西方的人文思想或马克思主义）支撑，有人认为博物馆学与实践脱节，等等。其实原因是多方面的，博物馆学研究者应从自身做起，增强学科意识。

博物馆学论文的规范性是一个老生常谈的问题，一个作者在其他领域发表论文讲究学术规范，而在博物馆学领域发表论文就不遵守学术规范，反映了博物馆学研究者自身对博物馆学学科地位的轻视。由于博物馆与社会发展密切相关，博物馆学研究者常从国家政治理论中寻找课题，如"科学发展观与博物馆"等，这样的研究对于面临体制改革的博物馆来说是极其必要的，但对于一门学科来说并不适合。

远的不提，一般在历史学、考古学等领域，都很少有这种课题，如果这种课题的讨论会过多，就会导致其他学科对博物馆学科有偏见。本领域学者的轻视，再加上其他领域学者的偏见，会使中国博物馆学的发展进程受到影响。尽管目前由于受中国博物馆实践的制约，中国的博物馆学理论体系仍不成熟，但在中国各学科加速进步的良好学术环境下，博物馆学研究也要立于高处，在学术规范、学术课题等方面加以改进。

第二节　中国博物馆学理论体系发展的影响因素

在中国博物馆学理论体系发展过程中，受到的影响是多方面的，其中既有内在因素，又有外在因素。这些因素相互作用，推动或阻碍着博物馆学的发展。

一、内在因素

所谓内在因素，主要是由博物馆学自身的学科特点决定的。同外在因素相比，这些特点对于博物馆学理论体系的构建及发展具有更深远的影响。

具体来看，博物馆学自身的学科特点有以下几个：

第一，博物馆学的理论水平与博物馆实践积累密切相关。博物馆学本身就是在博物馆实践中形成和发展起来的，博物馆学的理论水平与博物馆实践积累密切相关，二者是相互促进、相互制约的关系。随着博物馆实践的丰富，应用博物馆学必然会得到相应发展，建立在应用博物馆学基础之上的普通博物馆学才能达到一定深度，这样循序渐进，推动着博物馆学的整体水平不断上升。

中国博物馆的实践发展与发达国家相比还存在很大差距。博物馆在中国存在的历史只有100余年，虽然发展至本世纪初已达2 000余座，规模大幅增加，质量大幅提高，但存在的问题也很突出，博物馆自身体制的改革、博物馆观众的稀少、中小型博物馆的发展困境、市场经济的冲击等都在制约着博物馆的发展进程，博物馆事业还没有得到充分的发展，博物馆学的相关研究也必然受到很大影响。博物馆实践相对薄弱，使得以博物馆为研究对象的博物馆学在很长时间内都没有得到长足的发展，但这一状况随着中国博物馆事业的发展已有很大改善。

第二，博物馆工作中直接需要的是操作性强的应用博物馆学。在博物馆实际工作中，操作性较强的应用博物馆学有更大的应用空间。中国的博物馆学与一般的社会科学不同，它虽然被划分在历史学科中，但它与历史学、考古学不太一样，其理论具有很强的实践操作性，与图书馆学、档案学相比有一些共同之处。长期以来，博物馆界一直偏重与博物馆业务工作有关的应用理论研究，如博物馆藏品学、陈列学、教育学、管理学等，这些学科的理论都直接源于在实践中积累的经验，而且博物馆的日常运转也离不开这些理论的指导；反之，对博物馆的特征、性质、功能等的研究，以及对博物馆学的研究对象、学科性质、内容与结构等基础理论的研究则相对淡薄。在博物馆工作中，即使对博物馆学的基础理论没有深入研究，只有一般了解，也可以自如地运用博物馆应用理论；反之，对博物馆学基础理论的研究水平再高，如果没有掌握博物馆应用理论，就无法做好博物馆工作。正因如此，在博物馆实际工作中，应用理论显得更为重要，往往是博物馆工作直接需要的，操作性强，不懂得这些必需的应用理论就无法开展博物馆工作，掌握这些应用理论的水平越高，博物馆工作完成得就越出色。

为提升博物馆学理论的实用性和操作性，近年来还出现了规范的、系统的博物馆业务指导工具书，如《最新国家文物保护标准实施手册》全三卷、丁言斌主编的《博物馆藏品征集、保护、陈列艺术及内部管理实用手册》全四卷等。这些书都是由多位博物馆工作者共同编写的，体例庞大，内容细密，并配有音像光盘，各类业务知识简洁明了，技术性较强，可直接满足博物馆日常工作需要。书中所提到的规范性标准，将是今后应用博物馆学的一个重要发展方向。这种业务工具书，其权威性至关重要，需要博物馆界的业务管理部门加强审校，以确保博物馆工作的科学性。

第三，博物馆学科理论指导博物馆实践活动的局限性。在博物馆工作中，除需要掌握博物馆学基础理论和应用理论外，为发挥博物馆传播知识的教育职能，完成博物馆各项任务，各类博物馆还要承担各种科研任务，这些科研工作所占的分量有时甚至超过博物馆学相关研究。这一点体现在一些国家级博物馆创办的刊物以及博物馆学研究者的研究活动上，如故宫博物院主办的《紫禁城》杂志等，是博物馆工作者结合自身博物馆工作的特点进行研究的成果，其中很少有关于博物馆学的内容；我国的著名博物馆学家，几乎都是来自不同领域的研究专家，如生物学家费耕雨、考古学家曾昭燏及傅振伦、古生物学家杨钟健、现代史专家苏东海、明清史专家王宏钧、古生物学家甄朔南、古陶瓷专家宋伯胤等，他们在各专业领域的学术活动及影响都不亚于本人在博物馆学界的地位，而这些与博物馆收藏和展示内容密切相关的科研工作，在博物馆领域内的重要性是公认的。

但不容否认的是，这些存在于博物馆内的高水平科学研究往往处于博物馆学理论指导范围之外，博物馆的"博"注定了博物馆涉及的内容包罗万象，博物馆学的理论所能运用的范围既不限于单纯的"物"，也不限于单纯的"馆"，而是一种将"物"和"馆"完美组合起来的学问。对单纯的"馆"进行研究属于建筑学领域，对单纯的"物"及其相关背景进行研究不属于博物馆学的研究内容，历史类、科技类、民族类博物馆都有各自不同的"物"，对这些不同种类的"物"进行研究，属于历史考古、科学技术、民族民俗等多个专业领域，也都不属于博物馆学领域。只有将"物"和"馆"二者结合起来进行研究，才是博物馆学的研究领域。正因如此，与博物馆无限广泛的实践活动相比，博物馆学科的理论指导显然有着很大的局限性。

第四，博物馆学的三门分支学科之间具有相互递进的层次性。应用博物馆学发展的速度和规模远远超过普通博物馆学和专门博物馆学，这反映的是博物馆学三门分支学科之间的层次性。实践是应用博物馆学产生的基础，应用博物馆学又是普通博物馆学发展的基础，而专门博物馆学则比应用博物馆学的应用程度更深。这几个层次是递进的，发达的应用博物馆学、深厚的普通博物馆学、细化的专门博物馆学，是相辅相成的。深厚的普通博物馆学可促进应用博物馆学的深入，细化的专门博物馆学可扩大应用博物馆学的领域。在博物馆日常工作中，这种层次性也有很深的影响，不同程度的工作需要不同层次的博物馆学，不能因为高层次的理论在一般工作中难以运用就否认它的重要性。

其实，博物馆学特别是普通博物馆学理论对博物馆工作的推动作用是巨大的，但一般博物馆工作者往往很难直接意识到这种推动性。如最近几年博物馆学界开展的关于"博物馆与非物质文化遗产"的研究，改变了博物馆长久以来注重实物的工作理念，把目光从馆内转向社会，加强了博物馆与地方文化的联系，转变了原本静态的陈列方式，开创了博物馆工作的新局面，这种作用就是通过博物馆学理论由上至下推动的。一般来说，博物馆学对博物馆工作的作用首先是带来理念上的变化，随后是工作方针和工作方式的变化，最后体现在工作结果上。这种指导作用具有一定的层次性，是一个逐渐加深的过程，因此今后博物馆学的发展，还要在改变博物馆工作理念和工作方式方面进行挖掘，切合博物馆实际工作需要，这样才能体现出自身的重要性；同时也要正确对待博物馆学研究中存在的大量应用博物馆学的内容，这是它自身的学科特点，不能因此而抹杀它的学科性质，更不能因此而忽视它的重要性。

博物馆学的上述诸学科特点本来都是正常的现象，但在现实工作中会引发一些争议。例如，应用性理论的大量存在曾引起博物馆学是不是一门学科的争论，其他学科在博物馆中的应用是否淡化了博物馆学的科研地位，等等。其实，这些看法都失于偏颇，衡量一门学科的学术水平，不能只看它的学科术语、概念命题有多少，而要看它的理论成果是否能最大限度地促进研究对象的发展。而博物馆界自身轻视博物馆学理论的重要性更会导致不良后果，往往表现为重视应用博物馆学，忽视其他理论，对博物馆工作的指导达不到应有的高度，最终导致不能正确看待博物馆客观状况。从现实来看也是如此，我国博物馆体制改革、博物馆建设投入规划等一系列重大问题都说明，当前博物馆学研究须加大力度。

二、外在因素

影响中国博物馆学理论体系发展的外在因素有很多，有国内的，也有国外的，主要包括国内社会环境、国内学术环境以及与国外博物馆学的交流等。

（一）国内社会环境

博物馆学是与博物馆实践相辅相成的，博物馆作为社会文化机构，其发展受社会环境影响较大，这种影响自然要波及博物馆学的发展，社会环境的影响又可分为行政影响和经济影响，这两种影响对博物馆学的发展具有不同的作用。而这两种影响又可体现在宏观和微观两大方面。

1.宏观方面

从中国博物馆学的发展史来看，第一阶段由于社会战乱，正常进程被打断；第二阶段处于计划经济时期，博物馆学受行政因素影响较大；第三阶段是改革开放之后，博物馆学受经济因素影响较大。

行政影响过大，会导致博物馆的工作处于统一的行政方针指导下，必然会弱化博物馆学对实践的指导作用，而且博物馆的实践模式单一，致使博物馆学应用理论不发达，导致出现空谈基础理论的假繁荣现象；经济因素影响过大，会导致博物馆的实践复杂化，博物馆学研究面临的课题也更多，应用博物馆学发展速度较快，对基础理论研究的要求更高。社会环境的影响是博物馆学自身不能左右的，它们对博物馆学既有积极影响，也有消极影响，博物馆学研究要善于处理各影响因素的关系，使应用理论和基础理论形成良性互动。

另外，从博物馆学的研究内容来看，社会的发展还会带来许多新的研究课题。从中国目前社会体制改革的整体环境看，相关研究仍将是今后一段时期内博物馆学研究的主要内容。"科学发展观与博物馆社会教育""自然史博物馆在建设和谐社会中的机遇和挑战"等主题研讨会，都说明了博物馆学正在紧随着社会发展的步伐而不断增加新课题。从这些主题可以看出社会环境对博物学的影响是客观存在的,但也应看到,博物馆学研究虽然不能摆脱社会环境的影响,但却可以积极面对它们:首先自身要尽量避免用过多政治术语阐释学术观点,其次理论积蓄要深厚,博物馆学研究基础越扎实,抵抗外界干扰的能力就越强,从而越容易实现与社会的和谐共进。

2.微观方面

国家文物局以及各级管理部门对博物馆学的重视和指导是非常关键的,中国博物馆协会虽属于群众性、非营利性的学术团体,但其业务主管单位是国家文物局,在工作方式上或多或少会带有一些行政特点。组织学术会议、创办学术刊物、有关学术课题立项、开展对外学术访问等一系列重要活动,都离不开相关部门的指导,这对博物馆学研究具有重要影响。经济因素的影响则更为直接,经济基础决定上层建筑,如果没有资金投入,就没法购买研究资料,更谈不上开展研究。有些博物馆用于购买图书资料及刊物订阅的经费很紧张,科研条件简陋,已严重影响到业务人员开展博物馆学研究的积极性。但随着中国经济实力的增强,这种情况会得到好转。

(二)国内学术环境

任何学科的产生和发展都不可能是完全独立的,学科是指知识体系或学术分类,学科的分类是由各学科之间的内在联系和外在差异造成的。博物馆学与其他相关学科存在着千丝万缕的联系,任何时代的博物馆学研究水平都会受到当时学术环境的影响,这种学术环境是由博物馆学自身研究条件和相关学科的发展水平等多方面因素决定的。

同样,中国博物馆学目前的发展程度也与当今的学术环境相关。

首先,当代社会的知识结构整体已发生了变化,各学科之间不断渗透,相互整合,借助相关学科的理论成果,博物馆学理论体系内部又形成了众多分支学科,如博物馆传播学、博物馆信息学、博物馆伦理学、博物馆公共关系学、博物馆市场学(营销学)、博物馆心理学、博物馆生态学、博物馆统计学等,都丰富了现有博物馆学的内容。而且当代中国的科研水平越来越高，给博物馆学的发展带来了深刻影响，不仅扩大了博物馆学的学术研究领域，还提升了博物馆学的理论研究深度。

其次，博物馆学的自身研究条件也在不断提高，各种期刊著作大量出现，开设博物馆学教育的高等院校越来越多，教育层次也从本科、硕士提高到博士，研究课题的投入也越来越大，学术研究氛围更加浓厚，这些都有利于对博物馆进行理论性研究。

从整体上看，当今的学术环境良好，但也存在着一些问题。博物馆学研究者在运用其他学科的理论成果时，还不能达到融会贯通的程度，生搬硬套来的概念和命题，反而会降低博物馆学自身的学术地位，易给人留下"空"且"虚"的印象。当然，这种现象会随着各学科研究的深入而不断减少，从而促进这些交叉学科的发展，博物馆学的整体研究水平自然也会得到提高。

另外，中国博物馆学的自身学术环境也不容乐观，可登载博物馆学论文的全国核心期刊种类较少，内部期刊则较多，学术成果往往不被承认，这必然会影响研究者的积极性。研究者水平参差不齐、学术课题重复、学术论文不规范等问题也是客观存在的，还需要进一步改善。

（三）与国外博物馆学的交流

博物馆学作为一门学科，它的基本体系和内容是一定的，中国博物馆学应在博物馆学基本体系和内容的基础上，不断学习和借鉴以西方国家为代表的世界博物馆学具有的发源早、水平高的优势。西方博物馆学的新理念和新思想对中国博物馆学的促进作用也是有目共睹的，如博物馆与全球化、博物馆与社区、博物馆与非物质文化、新博物馆学及生态博物馆等，都为中国博物馆学提供了新的研究内容，给博物馆实践也带来了直接影响。

但也应看到，我国博物馆界与世界的交流，目前仍是以文物为媒介的陈列展览交流占主流地位，不仅国家级博物馆多次出国办展，各个地区的省、市级博物馆也越来越多地走出国门，向世界展示其特色；同时，世界级的"埃及文物展""大英博物馆珍宝展"等也进入国内，相互交流的形势非常乐观。这种交流对中国博物馆工作者大有裨益，有利于将先进的博物馆理念引入国内。但相比之下，以博物馆理论探讨为内容的学术交流仍较少，且大部分局限在中国博物馆协会及高等院校等较高层次上，普通的博物馆学研究者与国外博物馆学界的直接对话较少，特别是缺乏能够产生共鸣的学术探讨。

令人欣喜的是，联合国教科文组织于1948年创立了《国际博物馆》杂志，这是一个关于博物馆管理和遗产保护的全球性刊物，涉及博物馆管理体系、资金筹措、新技术运用、藏品保存、贷款政策、人员培训以及资产保护等诸多方面的问题，是博物馆工作者和遗产管理工作者的重要信息来源和交流平台。2006年，《国际博物馆》杂志推出了中文版，并特别增设《中国的声音》专栏，努力把中国博物馆工作者、遗产专业工作者以及中国公众的努力和成就传达给世界，这也有助于中国博物馆学界了解世界各国遗产保护情况和博物馆管理现状。《国际博物馆》杂志只是我们与国外博物馆界交流的平台之一，相信今后在这方面我们会走得更远。

还有一种倾向不容忽视。目前，虽然中国与国外博物馆学界的交流越来越多，但在交流内容上还是以介绍中国的研究历史和研究现状为主。在参加相关主题的国际会议时，主要介绍中国与这一主题有关的研究的情况，直接针对国外博物馆学发表自己观点的情况较少。长此以往，必然会影响相互交流的效果，这种情况也说明了中国博物馆学界的研究还缺乏深度，视野还不够开阔。中国博物馆学界今后要与世界博物馆学界开展更广泛的交流，更深入地认识当今博物馆学的理论背景。

第三节　中国博物馆学理论体系的发展趋势

中国目前的社会环境、学术环境以及国际环境对中国博物馆学理论体系的发展越来越有利，中国博物馆学理论体系正逐渐完善，内容也更加丰富。随着时代的发展，当代博物馆学快速发展，博物馆学领域的新理念、新技术相继出现，中国的博物馆学理论体系也在逐渐完善。因此，从传统博物馆学向现代博物馆学转变，与国际接轨，形成中国特色，是中国博物馆学理论体系今后发展的主要趋势。

一、从传统博物馆学向现代博物馆学转变

现代博物馆学是指随着时代发展，当博物馆有了新的博物馆物质、新的博物馆职能、新的博物馆技术、新的博物馆形态后，需要用新的概念、新的方法构建新的博物馆学理论体系。"传统"与"现代"是相对的，当今时代，经济全球化、政治多极化、文化多元化已成为社会发展的大趋势，文化逐渐成为一个国家综合国力的重要组成部分，人们的思想也发生了根本性转变，加之现代科学技术的广泛应用，这些都对当代博物馆学产生了巨大影响，直接导致了与博物馆实践相适应的博物馆学理论体系发生了根本性变化。

在普通博物馆学领域，需要对博物馆学研究对象、博物馆及博物馆学定义、博物馆职能、博物馆类型等概念及命题重新进行解释；在应用博物馆学领域，有了新的研究内容，如博物馆藏品管理的信息化、博物馆陈列的高科技动态化、博物馆教育的社会化、博物馆管理的现代化、博物馆建筑的智能化等，内容都极为丰富；在专门博物馆学领域，各种多样化、专业化的新兴博物馆更是不断

出现，大大扩展了这一领域的研究范围。

现代博物馆学建立在传统博物馆学的基础上，一门学科的发展是动态的，博物馆学既要随着博物馆实践的发展而发展，又要吸取其他学科的理论成果来丰富和发展自身，现代博物馆学正在不断建立和完善自身的学科体系。现代博物馆学对博物馆的建设具有五个方面的作用：①是博物馆实践的知识库；②提供统一的博物馆工作原则；③为政府文化资源管理政策的制定提供基础概念；④为博物馆专业人员的培训提供课程内容；⑤为科学研究提供理论上的参照系。此外，还应起到将现代科学技术知识运用于博物馆，促进博物馆与社会、自然和谐共进这两大作用。

传统博物馆学向现代博物馆学的转变，并不是简单扩充内容，还要完善其体系结构。现代博物馆学在学科内容急剧增加的过程中，学科理论必然更加复杂，交叉学科的数量也在增加，原有的分支领域相互渗透，使旧有的体系框架发生了变化，特别是在应用博物馆学领域，博物馆管理学的范畴越来越广。如果细化研究，博物馆管理学甚至涵盖博物馆所有工作内容。

虽然在当前的理论研究体系中，传统博物馆学是与博物馆藏品管理学、博物馆陈列学、博物馆教育学、博物馆建筑学等并列的，但从博物馆管理学的发展趋势来看，传统博物馆学的体系内容和结构还会有许多变化，这也是现代博物馆学的一个重要研究内容。因此，在对现代博物馆学的理论体系进行研究时，要适时予以梳理和研究，该分离的领域要进行分离，该合并的领域要进行合并，以便确立一个科学规范、完整清晰的学科体系。

二、与国际接轨，形成中国特色

中国博物馆学理论体系的发展，今后将致力于两大目标：一是与世界博物馆学理论体系接轨；二是形成中国特色。对此我们要有正确认识。博物馆学理论体系主要由普通博物馆学、应用博物馆学、专门博物馆学三部分组成，在中国目前的普通博物馆学中，博物馆定义、博物馆物、博物馆与非物质文化遗产等研究内容都是在与世界博物馆学的交流中展开的，而应用博物馆学领域则主要是针对中国具体博物馆实践的理论总结和探索。前者更能体现出博物馆学的学科作用，后者更能体现出中国博物馆学的特殊性。在普通博物馆学方面，中国博物馆学与世界博物馆学必然趋于一致；在应用博物馆学方面，各国博物馆实践不同，其理论内容也会有所不同——这是必然的，也是可以理解的。不与世界博物馆学接轨，中国的普通博物馆学就难以达到学科高度，所体现的特色也将是落后的特色；而只是与世界博物馆学接轨，没有自己的特色，不从中国的博物馆实践出发，就会导致应用博物馆学理论与中国实际脱节。只有实现这两大目标，才能使中国博物馆学理论体系更加完善、内容更为丰富。

客观来看，中国的博物馆实践与国外发达国家相比，在博物馆建设等硬件上确实还存在一些差距。然而，差距最大的还是在软件方面，如博物馆的管理和服务理念等，有许多需要改进的地方。硬件上的差距，直接的后果就是博物馆实践不足而导致经验欠缺，博物馆的理论研究难以深入；而软件上的差距，实质上是理论研究较为薄弱，没有相应学科理论的指导。令人欣慰的是，这种局面正在逐步改变，在与国际接轨的进程中，中国博物馆学理论体系也得到了发展。中国的博物馆学研究者在学习和借鉴国外先进理论成果的同时，还必须结合中国的国情。因此，要创立具有中国特色的博物馆学理论体系，特别是应用博物馆学领域的博物馆管理学。

中国博物馆界在理论上和实践上遇到的突出问题包括：中国博物馆事业在中国社会转型之后如何规划发展，如何适应社会主义市场经济和为社会发展服务，如何解决博物馆的世界共性与民族个性及国家特色的关系问题，如何解决放眼世界与立足中国的关系问题，如何解决现代化与中国现实基础的关系问题，如何解决外来博物馆文化与本国博物馆文化的关系问题，如何解决传统博物馆文化与当代博物馆文化的关系问题，以及如何解决市场文化与博物馆使命的关系问题，等等。这些问题都是在探索有中国特色的中国博物馆学理论体系的过程中需要解决的。

中国的文化背景和政治体制与西方不同，在博物馆的管理理念和管理方式上有很大差别。从中国国情来看，我们的博物馆管理体制是与中国国情相符合的，博物馆作为社会公益机构，有了国家的财政和人员保障，可以更好地发挥作用。当然，这样的管理方式也会存在一些问题，如宏观规划不太合理，国家、省、市级博物馆有规模过大、投入过多的倾向，县级博物馆却资金严重不足。在微观管理上，工作人员缺乏危机感，不能正确处理经济利益和社会效益的关系，职业道德缺失。因此，在构建博物馆学理论体系的过程中，要在博物馆发展战略、博物馆体制改革等方面总结现有经验，运用行政管理学、经济管理学等方面的理论，走适合中国博物馆发展的道路。只有这样，中国的博物馆学才能指导中国博物馆实践，从而建立符合中国国情的有中国特色的博物馆学理论体系。

第四章 文物保护理论

文物是人类在社会实践中创造出来的物质财富和精神财富，集中展现着一个国家和民族在历史上的创造力和生命力，因而如何保护和利用文物成为现代社会研究的又一重要课题。博物馆作为一个收藏、陈列、展览和研究的综合性机构，与文物维系着一种极密切的关系。从博物馆学新视野出发，博物馆在文物保护方面发挥着至关重要的作用。要想更好地保护文物，需了解文物保护的基本理论、文物的环境以及文物的材料。

第一节 文物保护的基本理论

一、文物的概念及分类

（一）文物的概念

日常生活中，虽然人们都明白文物所指称的对象，但时至今日，文物在国际上尚无一个被各国共同认可的统一的定义，甚至关于文物的名称、内涵，也没有完全达成共识。联合国教科文组织一般把文物称作"文化财产"或"文化遗产"，印度和希腊称"古物"，西班牙称"历史遗产"，日本则称"文化财产"。联合国教科文组织在《关于禁止和防止非法进出口文化财产和非法转让其所有权的方法的公约》中对"文化财产"一词作了明确规定,即每个国家,根据宗教的或世俗的理由,明确指定为具有重要考古、史前史、历史、文学、艺术或科学价值的财产,并属于下列各类者:

①动物群落、植物群落、矿物和解剖以及具有古生物学意义的物品的稀有收集品和标本。

②有关历史,包括科学、技术、军事及社会史、有关国家领袖、思想家、科学家、艺术家之生平以及有关国家重大事件的财产。

③考古发掘(包括正常的和秘密的)或考古发现的成果。

④业已肢解的艺术或历史古迹或考古遗址之构成部分。

⑤一百年以前的古物,如铭文、钱币和印章。

⑥具有人种学意义的文物。

⑦有艺术价值的财产,如:

a.全部是手工完成的图画、绘画和绘图,不论其装帧框座如何,也不论所用的是何种材料(不包括工业设计图及手工装饰的工业产品);

b.用任何材料制成的雕塑艺术和雕刻的原作;

c.版画、印片和平版画的原件;

d.用任何材料组集或拼集的艺术品原件。

⑧稀有手稿和古版书籍,有特殊意义的(历史、艺术、科学、文学等)古书、文件和出版物,不论是单本的或整套的。

⑨邮票、印花税票及类似的票证,不论是单张的或成套的。

⑩档案,包括有声、照片和电影档案。

⑪一百年以前的家具物品和古乐器。

联合国教科文组织在《保护世界文化和自然遗产公约》中是这样规定"文化遗产"的,即"从历史、艺术和科学观点来看具有突出的普遍价值的建筑物、碑雕和碑画,具有考古性质的成分或结构、铭文、窟洞以及联合体""从历史、艺术和科学角度看在建筑式样、分布均匀或环境风景结合方面具有突出的普遍价值的单立或连接的建筑群""从历史、审美、人种学或人类学角度看具有突出的普遍价值的人类工程或自然与人联合工程及考古地址等"。

《中华人民共和国文物保护法》第二条规定，在中华人民共和国境内，下列文物受国家保护：

①具有历史、艺术、科学价值的古文化遗址、古墓葬、古建筑、石窟寺和石刻、壁画；

②与重大历史事件、革命运动或者著名人物有关的以及具有重要纪念意义、教育意义或者史料价值的近代现代重要史迹、实物、代表性建筑；

③历史上各时代珍贵的艺术品、工艺美术品；

④历史上各时代重要的文献资料以及具有历史、艺术、科学价值的手稿和图书资料等；

⑤反映历史上各时代、各民族社会制度、社会生产、社会生活的代表性实物。

《中华人民共和国文物保护法》第二条同时规定，"具有科学价值的古脊椎动物化石和古人类化石同文物一样受国家保护"。

上述两个公约和《中华人民共和国文物保护法》有关文物的条款表明，尽管所用名称不同、表述各异，但其内涵是基本一致的，它们是文物内在本质的反映和表现。具体来说，凡是文物都应具备以下五个基本特征：

①必须是有价值的物质遗存，包括文献形态和狭义的实物形态；

②必须是人类活动的产物；

③必须是已经成为历史且不可能重新创造；

④应是重要的、有代表性的实物；

⑤同文物固有的使用价值的分离。

综上所述，我们可将文物的概念归纳为在历史发展过程中，由人类活动产生的，具有历史、艺术、科学价值的物质文化遗存的总称。

文物的历史价值在于，凡文物都是人类历史上创造的物质文化遗存，不可能被再生产、再制造，一旦被破坏就无法挽回；同时，文物又是一定历史时期人类为适应生产、生活和其他社会活动需求的产物，无不打上时代的烙印，具备明显的时代特征；蕴含着该时代的各个方面信息。从文物的不同侧面可以探讨当时社会的各个侧面，而文物系列整体则是历史进程的物证。

文物的艺术价值主要是指文物本身所表现出的艺术性。主要表现在：

①审美、欣赏、愉悦功能：许多艺术性的文物具有永不磨灭的魅力，永远给人以艺术启迪和美的享受，给人以联想并陶冶人的情操，给人带来愉悦的感受并寓教于乐。

②借鉴作用：许多艺术性的文物都是历史上著名的艺术家或劳动人民智慧的结晶，其中蕴含着许多宝贵经验，永远值得后人借鉴。

③资料价值：艺术性的文物表现了文物产生时代的艺术风格、工艺技术水平、当时人们的审美观点，可为美学、美术史、艺术史的研究提供弥足珍贵的实物资料。

文物的科学价值是指文物蕴含的知识、科学与技术信息所具有的价值。它主要体现在：①反映了当时社会的生产力水平和科学技术水平，是各门科学发展的实物例证，从众多具有科学价值的文物中我们可以看出科学技术发展的历程。实践也证明，各门科学史都需要用实物来证明。②具有科学价值的文物可以为今天的科学技术研究提供借鉴，服务于当今建设，真正做到"古为今用"。

（二）文物的分类

1.文物分类的目的

（1）便于文物的科学管理

首先，如果不对文物进行分类，文物就处于一种无序状态，文物的科学管理就无从谈起。其次，不同文物具有不同的特点，其管理需要采取不同的方法、手段和措施。例如，不同文物体积有差，重量有别，价值殊异，构成的材质也不相同，其管理也应有别。最后，是实行计算机管理的客观需要和基础。

（2）便于文物的整理研究和利用

例如，对博物馆来说，其文物藏品少者上万件，多者几十万、几百万件，乃至上千万件。如此多的文物馆藏，若不对其进行分类，要查找某种藏品，无异于大海捞针，研究和利用更无从谈起。

（3）为了更好地保管文物

由于组成文物的材料在理化性质上存在着明显差异，要求的存放环境不同，故对文物所采取的保护、处理方法也应不同。例如，金属材料文物需要干燥的环境，而漆木、竹雕文物则必须保存在湿度适宜的环境中。

2.文物分类的原则

（1）在同一次分类中，应遵循同一标准的原则

一次分类中，不能同时使用多种分类标准，否则将会引起混乱。

（2）按一定标准将同类文物划归为一类

这一原则可以指导人们选择某一分类标准把各种各样的文物划归为几个不同的大类，然后再进一步将大类分成小类。至于选择何种分类标准，则视收藏、宣传、研究、保护、教学等的需要而定。

（3）一种分类法只能依一个标准

由于文物十分庞杂，又涉及收藏、保护、宣传、研究等问题，所以文物分类不可能只用一个标准和一种方法，而要根据需要使用多种标准和多种方法。但在采用某一方法进行文物分类时，不能同时用两个标准对文物进行分类，而只能用一种方法、一个标准。不过为适应实际需要，针对依据同一标准划分出来的大类，采用另一种标准和方法将其逐步分成小类，则是可以的。

（4）对复合体文物进行分类，应以"约定俗成"为原则

复合体文物是指由质地明显不同的材料制成的器物。所谓"约定俗成"原则，是指在长期分类实践中形成的行之有效的原则，它以器物的主要质地为划分的科学依据。

3.文物分类的方法

文物分类的方法较多，一般而言，文物分类标准的制定和文物分类方法的选择，均需根据文物收藏、保护、宣传、研究、教学的需要而进行，主要有以下几种分类方法：

(1) 时间分类法

该分类方法是以文物制作的时代为标准，对文物进行分类的方法。任何文物都产生于一定的时代（年代），没有时代的文物是不存在的，这是时间分类法的科学依据。至于有的文物由于流传物本身原因，时代一时尚难判断，这应属于对文物的认识问题，和文物必产生于特定的时代是两个完全不同的问题。

在按时代分类时，要注意世界各国的共性和特性，如有的国家将文物分为石器时代文物、铜器时代文物、铁器时代文物；而我国则将文物分为古代文物和近、现代文物。其中，古代文物又分为史前文物和历史时期文物。史前文物一般分为旧石器时代文物和新石器时代文物，由于时间跨度长，为便于研究，还可再对这两个时代划分出早、中、晚期。而历史时期的古代文物，一般按朝代划分为夏代文物、商代文物、周代文物、战国文物、秦代文物、汉代文物、魏晋南北朝文物、隋代文物、唐代文物、五代十国文物、宋代文物、辽代文物、金代文物、元代文物、明代文物、清代文物。近代文物，一般指1840年至1919年间的文物。现代文物，一般指1919年至当代的文物。

(2) 区域分类法

该分类方法是以文物所在地为标准，对文物进行分类的方法。文物有产生它的地点，或有出土地点，或有收藏地点，或有埋藏地点，或有建立的地点，等等。总之，都有它的所在位置。离开了具体的地点，文物是无法存在的。区域分类法就是以此为根据，按照文物所在的区域实行归类。对文物进行区域归类，可以使人们对某个区域的文物有比较全面的了解，为研究该地区的历史提供比较全面的资料，特别是有利于对文物进行区域管理。

以区域分类法对文物进行归类，首先要界定区域的范围。一般来说，有以行政区划分范围的区域，即国家权力机关或政权机关批准的行政区域，它有严格的区划界线，如北京文物、安徽文物、新疆文物；还有以自然地理位置划分范围的区域，即地理（自然）区域，这个区域没有严格界线，如黄河流域、长江流域、淮河流域；还有一种依自然地理的相对位置来划分范围的区域，如中原与边疆。

（3）功用分类法

该分类方法是以文物的功用为标准，对文物进行分类的方法。作为社会生产和社会生活的历史遗存，文物是为了达到一定的目的而制作的。换句话说，任何一种文物，都有它的用途。正由于此，在对文物分类时，通过对其功用的研究，可以把功用相同或基本相同的文物聚为一类，形成不同的类别。

文物的功用与其形制是分不开的，形制是文物的外形，可以看得见、摸得着，形象、具体。而文物的功用是其内涵，附着于文物的形体中，并通过人利用其形体而展现出来。但按文物功用分类，有某一功用的文物，其形制并不完全相同，往往会因为时代而异。

按功用分类，文物一般可分为古建筑和古器物。其中，古建筑一般包括城市建筑、宫殿建筑、衙署建筑、园林建筑、宗教建筑、馆堂建筑、坛庙建筑、书院建筑、民居建筑、交通建筑、水利建筑、纪念建筑等；古器物则包括农具、手工工具、兵器、炊器、盛器、酒器、水器、乐器、计量器、杂项等。

按功用对文物进行分类时，可不受文物的年代和质地的限制，即可以把不同时代、不同质地而功用相同的文物划归为一类，这有助于对文物进行更深层次的研究。

（4）质地分类法

该分类方法是以制作文物的材料为标准，对文物进行分类的方法。文物是由一定的物质材料制作而成的文化遗物，由于所用物质材料的多样性，根据材料质地的不同对文物进行归类，是质地分类法的出发点。

质地分类法主要用于对古器物的归类。这种分类方法有着悠久的历史，时至今日，我国大部分博物馆藏品都采用按质地分类，西方博物馆也大多采用这种方法对文物藏品进行分类。这是因为按质地对文物藏品进行分类有很多优点，比如，相同质地的文物藏品对保存环境通常有着相同的要求，所采取的保护方法也会相同。当然，按这种方法进行分类，也存在着难以判明质地的问题，主要是有些文物并非由单一的材料制成。此时，若能采用现代科学技术对古器物进行物理鉴定或化学定性、定量分析，将能使文物质地的判定更加科学，从而为按质地对文物进行分类提供更为科学的依据。

（5）属性分类法

该分类方法是以文物的社会属性、科学文化属性为标准，对文物进行分类的方法，亦即以文物的性质为标准进行分类的方法。文物是人类社会活动的遗存，人们的任何活动都不是孤立的、无意识的或无目的的，这种社会性或目的性使人类制作的生产用具和生活用具、文化艺术品等都打上了文化传统的烙印，具有了文化属性。

文物属性是由文物的用途及其内涵所决定的，因此在运用属性分类法时，必须首先研究文物的用途及其文化内涵，只有这样，才能比较准确地确定它的性质。

按属性对文物进行分类，主要可将文物划分为礼器类文物、明器类文物、科技文物、宗教文物、民族文物、民俗文物、革命文物、工具类文物、生活用具类文物、交通工具类文物、兵器类文物、乐器类文物、艺术类文物、戏剧类文物、体育类文物等。

（6）价值分类法

该分类方法是以文物价值为标准，对文物进行分类的方法。文物具有历史、艺术、科学价值，没有价值的历史遗迹和遗物不是文物。按价值分类，主要是根据文物价值的高低来区分文物，至于价值高低的确认，需经鉴定。

根据我国相关法规，对文物价值高低的区分，主要采用两种办法：一是对文物史迹，即古建筑、石窟寺、石刻、古遗址、古墓葬、纪念遗址或建筑等，依据其价值的高低，将其分为三级，即全国重点文物保护单位、省（自治区、直辖市）文物保护单位和县（市）文物保护单位；二是对文物藏品，如陶瓷器、青铜器、铁器、玉器、漆器、石器、书画等，依其价值高低，也将其分为三级，即一级文物、二级文物、三级文物。

（7）来源分类法

该分类方法是以文物藏品的来源为标准，对文物进行分类的方法。此法仅适用于博物馆、纪念馆或文物保管机构等文物收藏单位。这些单位的文物藏品，都应有其来源,这是此分类法的依据。

文物收藏单位的藏品的来源有地区、单位和个人之分,就其形式而论,主要有:

①拨交:单位间互通有无或一个单位支援另一个单位的文物。

②征集:文物收藏单位丰富馆藏的主要渠道之一。征集方式有多种,诸如收购、自愿上缴、赠送(可适当奖励),动员交出本归国家所有而被私人收藏的文物等。

③拣选:从废品收购站(文物被当废品收购)、银行(金、银质文物流入银行)、冶炼厂和造纸厂中拣选出来的文物。

④交换:文物收藏单位根据国家文物法规的规定而开展的馆际的文物交换,是调剂余缺、丰富藏品的办法之一。

⑤捐赠:文物收藏单位接受文物鉴赏家、文物收藏者等的捐赠。

⑥发掘:经考古发掘发现、由文物收藏单位收藏的文物,是文物藏品的主要来源,且这类文物来源最可靠、最重要。

(8)存在形态分类法

该分类方法是以文物能否随意移动和变换地点为标准,对文物进行分类的方法。根据这种方法,可将文物划分为可移动的文物和不可移动的文物两大类。可移动的文物是指收藏(主要是馆藏)文物和流散文物。该类文物种类多、体量小,可根据收藏、保管、陈列、研究、教学需要随意移动和变换地点是其特点。不可移动的文物基本上都是文物史迹,如古建筑、古遗址、石窟寺、石刻、古墓葬等。种类多、体量大,不能或不宜整体移动是其特点。

在这里,必须进一步指出:所谓不可移动,实际上并不是绝对的,除有的绝对不可移动外,如古建筑群、石窟寺等;有的则只是相对而言,有些文物史迹因情况特殊,必须迁移(经批准后亦可以迁移),如位于黄河三门峡水库淹没区的永乐宫迁至芮城县城北。此外,有些本属建筑群组成部分的殿宇、牌坊、石碑等,若仅残存单体,也有为方便保护和宣传需要而迁移的。

二、文物的质变与毁损

在漫长的历史发展过程中，人类创造的大量具有历史、艺术、科学价值的文化遗存，能够保留至今的仅有极小部分，大部分都已毁坏或者消失。究其原因，除文物本身材质具有脆弱性外，主要有自然和人为两方面的因素。

自然因素对文物的影响主要表现为自然力对文物的破坏，包括两种不同情况。一是各种自然灾害对文物的毁灭性破坏，如地震、火山爆发、地壳运动、洪水、台风、潮汐、地下水活动、雷击等。这种灾难性的巨大破坏力，往往难以预防。二是自然破坏力，尽管它不如自然灾害那样来势凶猛，却持久地侵袭着文物。这类自然力包括：气候变化、光线辐射、空气污染、生物危害等。这类自然破坏力虽然力量轻微，但其日积月累的侵蚀效果也可达到十分惊人的程度。在这些自然因素的作用下，文物总是向变形、变质乃至彻底毁灭的方向转化，这就是文物的质变和毁损，是不以人们的意志为转移的自然规律，如金属腐蚀矿化、砖瓦酥碱粉碎、石雕风化剥离、壁画褪色起甲、织物粘连腐烂、书卷虫蛀霉变、木材干裂糟朽、牙骨龟裂翘曲、皮革脆裂脱毛、文献字迹模糊、建筑倾斜倒塌等。

人为因素对文物的破坏是指人类的自身行为作用于文物，从而引起文物的质变与毁损。归纳起来，主要有如下三种情况：

一是建设性破坏。由于发展经济而大规模进行的建设工程危及原来地上文物和地下文物遗存，如为了城市的现代化，随意将古建筑拆毁，用新建筑取而代之；为开发旅游事业，不恰当地在名胜古迹区兴建机构、公路、桥梁、索道、饭店和人造景观，破坏了文化古迹的原始风貌，乃至毁坏了文化古迹；在建筑工程施工过程中，一些施工单位为赶工程进度，发现古墓和古遗址瞒而不报，用推土机一推了之等。

二是维修性破坏，这是一种好心办坏事的行为。本来，在实施文物维修或修复时，一定要忠实于文物的原状和原貌，绝不允许操作者主观臆造，随意加工。但有操作者或由于对文物缺乏正确的认识,或由于不事先征求或不听从专家的意见,执意按照自己的主观意愿,对文物进行"改造性维修",以致在实际工作中,维修性破坏的事例时有发生。其中,文物保护单位在这方面尤为突出。

三是盗窃性破坏。这种破坏造成的文物损失触目惊心。据有关报道,在全国著名古墓中,未曾被盗的只有少数;地下非法文物交易活跃,文物走私也十分猖獗。盗窃性破坏又分两种情况:其一是将文物拆卸、锯凿、割裂后盗走一部分,使文物本身遭到破坏;其二是盗走成组文物中的一部分,破坏了文物的完整性。

防自然力破坏,应主要依靠科学技术,采取更好、更科学的保护措施,改善文物保存的环境。防人为因素破坏,主要属于文物保护管理方面的问题,它有赖于全民族的道德素养、保护文物意识的日益提高以及政策、法律、规章、制度等的逐步健全并得到严格执行。

除单纯的自然因素和人为因素外,还存在人为因素作用于自然因素,使其发生较大变化,从而导致文物遭到破坏的情况。从宏观上讲,人类频繁的活动和对自然的过度掠取,造成自然灾害加剧、全球气候异常(如温室效应)、生态失衡等,使得文物的宏观保存环境恶化。从微观上讲,在博物馆、文物保护单位附近建工厂,排放污水废气,自然会腐蚀文物;城市用水量的增长,使地下水减少,地基下沉,自然会危害文物安全。这方面的事例在现实生活中数不胜数。

三、文物保护技术

(一)文物保护技术的概念

文物保护技术是研究文物制成材料变化规律和保护文物的技术方法的学科。任何文物都有其制成材料,随着时间推移,这些制成材料会发生各种各样的不可逆的物理、化学变化，其变化既有内部原因也有外部原因。内因在于文物制成材料本身，如原料的质量、性质等。研究内因是为了根据文物制成材料的性质，确定保护条件，修复破损文物。外因是文物保护的自然环境，即空间中影响文物寿命的各种自然因素，主要有温度、湿度、光辐射、污染物、有害生物、地质环境等。在文物已形成的情况下，文物保护环境因素的控制对保护文物、延长文物寿命起着决定性的作用。

仅研究和掌握文物制成材料的变化规律是远远不够的，还必须进一步科学研究保护文物的技术方法。保护文物的技术方法的内容很多，归纳起来有两个方面：一是改善文物保护条件，即采用一定的措施来防止或减缓自然环境中各种有害因素对文物的破坏；二是文物修复技术，即对已经损坏或存在不利于永久保存因素的文物进行处理，尽力恢复其历史面貌，延长其寿命。

（二）文物保护技术研究的意义

文物是一定历史时期人类文明发展的产物，表现为各种物质文化遗存，包含着特定历史时期的政治、经济、军事、科技、工艺、美术等各种信息。保护这些实物性文化遗存是储存这些信息的一种有效途径。对于人类今天所进行的生产活动和科学研究来说，这些信息都有极大的价值。要使这些文化遗存能长久地为人类文明的发展服务，首先必须保护好其物质形态载体，而从物质形态的角度来说，文物又是由各种材料组成的。任何物质材料自身都在不停地运动，同时各种外界环境因素的长期作用，会引起乃至加速物质材料自身的一系列物理、化学等变化，从而改变文物物质材料的结构和性能，甚至毁灭文物物质材料。亦即如前所述，文物的质变与毁损是不可逆转的。如此一来，文物资源利用期限的长久性与文物物质材料存在期限的有限性便存在不可调和的矛盾。对这一矛盾的内在规律进行探究并化解这一矛盾，正是开展文物保护技术研究的意义。具体而言，可以概括为以下几个方面：

第一，只有进行文物保护技术的研究，才能弄清各种不同文物的损坏机制和运动变化规律。不同质地的文物，其构成材料不同，理化性质各异，其损坏机制和运动变化规律自然也就存在非常大的差别，如青铜器和漆木器就截然不同，只有通过具体研究才能弄清楚。

第二，只有进行文物保护技术的研究，才能为制定和选择文物保护方法、采取文物保护手段及措施提供科学依据。对于某一具体的文物，到底采取何种保护方法，运用何种保护手段、措施最为合适，需要经过反复研究，特别是多次的实验论证，只有这样，才能为最终方案的选择提供科学依据。

第三，只有进行文物保护技术的研究，才能最大限度地延长文物寿命，为长久发挥文物价值服务。在现有条件下，进行文物保护技术的研究，可以为文物保护提供最为科学、安全、可靠的方法、手段及措施。除此之外，没有其他更好的途径。

第四，通过对文物保护技术进行研究，可以更好地保护古代文化遗产，为经济建设和精神文明建设做出贡献。古代文化遗产是前人留给我们的一笔巨大财富，在经济建设和精神文明建设中具有重要作用。对文物保护技术进行研究，有利于更好地保护文物，并将其留给后代。

第五，文物保护技术是文物科学的重要组成部分，对文物保护技术进行研究可以丰富、完善文物科学的内容，为文物保护研究的繁荣做出应有的贡献。

四、文物保护原理

（一）有害物的稳定化原理

1.有害物的性质

文物实体有害物是指文物实体表面及内部因自身病害或外部环境污染而形成的物质，这些物质对文物实体的寿命及价值具有破坏作用。有害物可分为惰性有害物与活性有害物两种，惰性有害物的破坏性是有限而稳定的；而活性有害物对文物实体有着主动破坏性，这种破坏是自发的且有蔓延扩张趋势的。例如，青铜文物的硫化物与氯化物，硫化物破坏器物的艺术欣赏价值，是惰性有害物；而氯化物会使有害锈蚀物扩张蔓延，属于活性有害物。此外，石质文物中的微生物菌群在石刻表面和内部繁衍生长，导致石刻出现风化；纸质文物微生物病害中的红霉霉斑，除会污染画面外，还会破坏书画纸、绢的质地，加速其老化、酸化过程。这些微生物菌群都是活性有害物。

有害物的不稳定性通常是与某种环境条件相联系的，比如环境温度、湿度波动。青铜器有害锈（又称粉状锈）与环境中的温度、湿度均有很大关系，有害锈质地疏松，呈粉状浅白绿色。青铜器有害锈的化学成分主要是氯化亚铜和碱式氯化铜，氯化亚铜和碱式氯化铜的热力学性能是不稳定的。

发生循环反应后，氯化亚铜在氧气和水的作用下生成碱式氯化铜，碱式氯化铜通过对铜的腐蚀，又生成氯化亚铜。如此循环，不断对青铜器进行腐蚀，直至青铜器文物实体全部毁坏。

2.有害物的处理

在传统的文物保护工作中，对有害物进行处理时往往选择直接去除。但基于对文物最小干预的保护原则，现代文物保护理论旨在追求将活性有害物转化为惰性有害物，即有害物的稳定化。有害物稳定化有两种方式：一是利用化学反应将活性有害物转变为另一种活性较低的物质，使其不能对文物实体造成损害，或减缓损害速度，这种有害物稳定化方式是通过改变文物实体质点实现的。二是通过改变环境条件，降低有害物的化学反应活性，减缓对文物实体损坏的速度，这种有害物稳定化方式是通过减少文物实体质点运动量实现的。可适当去除影响文物艺术价值的惰性有害物，有选择性地保留对文物艺术价值无太大影响的有害物。

（二）文物实体材料的稳定化原理

文物实体状态始终处于稳定与不稳定的变化中，这里的稳定是一种动态平衡。文物实体属于开放体系，始终在与环境进行物质和能量的交换，这是开放体系的特征。当环境因素发生变化（温度、湿度、微生物、光、氧含量等），却不足以引起文物实体材料发生明显变化时，文物实体可以在较长时间内保持这种状态。因此，可以认为文物实体处于稳定状态。但是，文物实体处于稳定状态并不意味文物实体没有发生变化，只是这种变化比较轻微，不明显而已。但文物实体的轻微变化经过长时间的积累，就有可能从量变转化为质变，这就是损伤累积效应。例如，博物馆展厅内的纺织品文物，刚展出时的颜色与展出一段时间后的颜色相比，往往会有较大变化，这是因为展出一段时间后受光照等因素的影响，纺织品文物产生了光致褪色。尽管纺织品文物每天的颜色变化很小，但经过一段时间积累后，褪变色情况就会十分明显。

由文物实体的质点模型可知，质点始终处于运动之中，当质点运动幅度较大时，如质点改变数量较多、质点出现较大位移时，文物实体就会从稳定状态变为不稳定状态。打破稳定平衡的主要因素是外界环境条件的变化，当环境因素变化时，文物实体状态就会改变。文物实体总是从不稳定状态转变为稳定状态，再从稳定状态转变为新的不稳定状态，然后从新的不稳定状态再次转变为另一种新的稳定状态，这种转变过程持续进行，直至文物实体消亡。文物实体的不稳定状态是绝对的，而稳定状态则是相对的。引发转变的外部原因是环境因素的变化，文物实体稳定状态转变为不稳定状态有两种方式：一种是缓慢变化，从量的积累到质的转变，如展出过程中纺织品文物的颜色变化；另一种是爆发式变化，迅速转变，这通常是环境条件剧烈变化造成的，如从密封性较好的埋藏环境中出土的纺织品文物，刚出土时文物的颜色非常鲜艳，但很快就会变成褐色、黑色。这两种变化都与外部因素密切相关，所以要尽量降低文物保存环境因素的波动幅度，避免文物环境的大幅波动破坏文物实体稳定平衡的状态。文物保护专业人员经常通过干预环境，使文物实体的状态保持稳定。

对不同材料的文物来说，影响文物实体稳定性的内在因素有很大差别。一般情况下，材料不稳定可分为晶体结构不稳定、分子构象不稳定、分子结构不稳定、金相结构不稳定、自重较大文物实体力学行为不稳定等类型，多种材料复合制成的文物实体，由于材料性能匹配不佳，也会导致不稳定的情况。综上所述，文物实体稳定平衡被破坏有两方面的原因，即内因和外因。文物实体材料的不稳定性是内因，外界环境条件的变化是外因。

（三）文物清洗原理

文物实体存在大量表面，包括孔表面等。由文物实体质点模型可知，表面质点周围原子对它的作用力是不对称的，即原子所受力不饱和，存在剩余力场，具有吸附其他物质质点的能力，易吸附气体、液体分子，也能够与某些金属离子结合，产生结晶类物质。

文物实体的污染类病害主要来自两个方面：一是文物实体表面吸附外来物质质点，产生污染；二是文物实体由于吸附外来物质质点使自身质点发生了改变，由一种质点转变为另一种质点，这两种情况都可视为污染类病害。

去除文物实体污染类病害，通常指的是清除文物实体表面的污染物质。对文物实体表面污染物质的选择性清除或处理工作十分重要，污染物是否需被清除应考虑下面几种情况：

第一，文物实体无害降解产物，此类污染物是稳定的，包含着历史沧桑感以及美学价值，降解产物对研究文物实体的埋藏环境、使用功能等具有重要价值，此类污染物不应去除。

第二，具有保护作用的污染物，此类污染物可能对文物实体有一定的保护作用，如铁质文物表面生成的致密氧化膜，能够阻挡氧、水、污染气体等对文物实体的腐蚀，对文物实体寿命无影响，一旦清除，文物实体会出现新的腐蚀，加快损毁速度，因此应予以保留。

第三，已成为文物实体结构部分的污染物。有的文物实体在腐蚀过程中原始质点逐步转变为腐蚀降解产物，或被外来其他质点取代，污染物已成为支撑文物实体结构的一部分，如果清除，会导致文物实体有残破，或致文物实体形状消失。此类实例很多，如高度矿化的青铜文物，原始的铜质点几乎全部转变为铜的矿物质点，如果将铜的矿物质点清除，则青铜文物也将随之消失。再如出土的丝绸印痕文物，文物实体中的蚕丝质点已完全腐蚀，留下的质点空位被土壤或其他矿物质质点取代。从材料的角度来说，这时的文物已完全"异质化"，属于"异质文物"，即与原始状态的文物本体材料完全不同，但仍保持着文物实体的全部或部分原始形态。

第四，有害污染物。①对文物实体材料有害的污染物。此类污染物会加快文物实体材料的腐蚀降解速度，直至文物实体完全损毁，如青铜器的有害锈。②破坏文物实体外观形貌的污染物。有的污染物虽不会腐蚀文物实体，但由于具有覆盖作用，会影响相关人员对文物文字或纹饰的识读和辨识。③保护处理过程中需要清除的污染物。文物保护工作中往往需要将加固材料渗透到文物实体内部，但由于一些文物实体表面，特别是孔表面吸附了污染物，加固材料难以渗透。上述有害污染物在文物保护处理过程中必须清除。

分析文物实体质点模型可知，污染物的清除就是将污染物的质点从文物实体移除。一般而言，文物实体污染物的清除方法有三种：一是化学方法，即利用化学反应，将污染物质点溶解、分解，使之清除，过程中常有新物质生成。用氧化剂、还原剂、络合剂等化学试剂清洗的方法，属于化学方法。用溶剂清洗文物的过程中，溶剂的选择可依据溶剂参数理论和弗洛里-哈金斯溶液理论等相关理论进行筛选。二是物理方法，清除过程中污染物质点没有发生改变，不发生化学反应，没有新物质生成。常用的机械剔除、高温气化的技术措施就属于物理方法。三是生物方法，利用生物的代谢作用，将污染物质点"吃掉"，使其转化为易清除成分，然后清除掉。在此过程中一般会利用生物活性物质，这是生物方法的典型特征。例如，利用生物酶清洗污染物，通过生物活性物质"酶"的代谢作用，将污染物分解，然后清除掉，这就属于生物方法。

文物实体污染物的清除是一个庞杂的技术体系，对各种文物实体表面的污染物来说，清洗、清除时必须采用科学的方法并适当控制清除的范围，绝对不能伤及文物实体，更不能破坏文物价值。

（四）回补修复原理

文物作为一种复合材料构成的实体，材质中的每一种成分都具有一定的材料学功能，随着时间的流逝和材料的劣化，某些成分会逐渐消失，这必然会改变材料性能，甚至导致原材料失去基本特性。

回补修复基本原理：从材料成分缺失的角度入手，研究文物实体材料中各组成材料的劣化机制，分析缺失的成分及其功能（作用），然后将所缺失的成分以适当形式补回来，达到加固脆弱文物实体的目的。回补分为两种情况：一是回补文物实体的残缺部位；二是采用物理、化学或生物方法回补文物实体组成材料中的缺失成分。

文物实体中各种材料的质点所起的作用是不相同的，如同一棵树一样，树叶、树枝、树干、树根共同构成了一棵完整的树，树叶掉落、树枝折损，树木仍能存活，而当树干受到破坏时，树木可能倒塌并死亡。由此可见，树干的作用远远超过树枝、树叶。文物实体中具有重要功能的质点，犹如树的树干，这类质点的变化会引起文物实体基本性能的变化，对文物实体造成根本性损伤。其他的质点起辅助作用，这一类质点的变化可能导致文物实体表面形貌、材料物理性能发生变化，但不至于导致文物实体损毁。

回补修复实际上是对文物实体质点空位的补缺，所强调的是回补的部分应是在文物实体材料中起重要作用的功能性成分。就文物实体而言，首先需要回补的是文物实体中的功能性成分，其次是辅助功能的成分。回补方式的选择亦十分重要，通常情况下采用物理渗透的方式，将回补材料渗入文物实体，实现回补的目的。在这样的回补方式下，回补材料只能发挥部分作用。尽管如此，也能在很大程度上提升文物实体材料的性能，实现保护的目的。

例如，修补甲骨文物时回补缺失的羟基磷灰石、修补土质文物时回补缺失的钙镁胶结物、修补丝绸文物时回补丝胶等保护性技术措施，都是应用了回补修复原理。再如，有学者对糟朽皮革保护加固材料进行研究，发现糟朽皮革中胶原蛋白流失非常严重，其胶原蛋白含量远低于新皮革，所以糟朽皮革质点十分脆弱。保护思路：选用与皮革具有同源性的动物皮浆作为糟朽皮革的加固材料，补充和改善糟朽皮革中流失和变性的胶原蛋白，回补皮革文物流失的胶原蛋白成分。由于选用的胶原蛋白材料与皮革文物本体孔隙具有良好的相容性，加固材料容易进入新生孔隙，且与文物本体结合良好。

第二节 文物的环境
——以博物馆环境为例

一、文物环境系统

文物环境主要是指在文物保存、展出、运输等过程中与文物直接或间接相关的大气环境。文物环境又有室外环境、室内环境、保管陈列环境或运输柜内的微环境之分。以博物馆为例，博物馆所处地区的大气环境条件即为文物的室外环境，博物馆建筑内部的环境则为文物的室内环境，保管柜、陈列柜内部环境则为文物的微环境。微环境接近封闭体系，应具有净化功能。对文物而言，涉及的环境条件有温度、湿度、光的照度、微生物含量、有害气体含量、飘尘等。不可移动文物的环境条件还应包括大气、水文、地质环境的条件，其中地质环境条件包括土壤的成分、酸碱性、可溶盐含量，以及土壤中微生物种类、含量等。

文物环境是一个系统，它由文物所处的温度环境、湿度环境、光照环境、微生物环境和大气环境五个子系统组成。这些子系统之间存在协同效应，对文物实体产生影响。

稳定和平衡是研究文物环境系统的重要概念，文物实体质点的稳定包括两个方面：一是质点运动的稳定，不发生引起质点改变的化学反应，即不会产生一种质点变成另一种质点的变化；二是质点受力平衡，每个质点所受合力为零，处于受力平衡状态。通常情况下，造成文物实体质点受力不平衡的因素是能量的传递，以及光、热（温度）对文物实体的作用。文物实体中存在多个与环境因素变化相关的平衡关系，这些平衡关系对文物实体的稳定至关重要。

例如，对文物实体具有重要影响的干湿平衡。平衡时，进出文物实体的水分子数相等；不平衡时，进出文物实体的水分子数不等。如果进入的水分子数多于逸出的水分子数，则文物实体的水分含量升高，文物实体吸湿。反之，逸出的水分子数多于进入的，则文物实体水分含量减少，文物实体脱水干燥。

有机质文物吸水后易出现溶胀现象，这是由于有机质文物实体材料质点间束缚力相对较弱，且具有各向异性，因此有机质文物吸水后容易造成文物实体质点受力不平衡，质点发生位移，产生溶胀。对无机质文物来说，如果粉状物较多，质点间束缚力弱，其表面积大、易吸水，吸水后也容易出现体积膨胀的现象，即溶胀。但结构完整的无机质文物，质点排列紧密，水分子很难进入文物实体，且质点间束缚力大，质点较难发生位移，不易出现溶胀现象。这时水只是起到促进氧和微生物对文物实体腐蚀的作用。由此可见，干湿平衡对有机质文物实体的稳定更为重要。

二、博物馆的室内环境

馆藏文物保存环境，也称博物馆环境，主要是指博物馆、纪念馆、考古所、美术馆、图书馆等文物收藏单位的库房、陈列室、储藏柜、展柜等处的环境。与文物本身直接接触的环境因素主要有温度、湿度、氧含量、污染气体种类和浓度、光辐射强度、虫和霉菌等，这些环境因素对文物能否长久保存有着重要影响。1930年，在意大利罗马召开的关于艺术品保护的国际研讨会上第一次提出了预防性保护的概念,现已经成为国际文化遗产科学保护的共识和发展方向。预防性保护的核心技术是对馆藏文物保存环境实施有效的监测和控制,降低各种环境因素对文物的危害,努力为文物创造一个稳定、洁净、安全的生存环境,尽可能阻止或延缓文物物理和化学性质的变化乃至最终劣化,达到长久保护和保存馆藏文物的目的。其中,博物馆环境的稳定性,主要是指控制温度、湿度的平稳性,防止出现较大幅度的波动。评价博物馆环境是否洁净,除涉及有关污染气体极限浓度控制指标外,尚未有系统的标准。

博物馆环境中污染物的来源包括大气中污染气体、飘尘、建筑和装饰材料释放的有害物、装置设备的化学挥发物、生物及生物体的排泄物、工作人员和观众带入的食物,以及室内放置的植物等。因此,博物馆室内应尽可能阻断能带入污染气体、化学挥发物、有害微生物等污染源。

(一)博物馆环境温度

一般认为,博物馆室内适于文物保存的标准温度应为 15～25 ℃,这个温度范围是对大部分文物而言的,有些质地的文物对温度有更严格的要求。博物馆内温度不允许出现骤变,不仅要求一年之内的变化不能超过规定的标准,就一日而言,气温的变化也不能过于剧烈,一般规定日气温差为 2～5 ℃。博物馆室内温度分布具有场分布的性质,像重力场、磁场、电力场等一样。物理学中将存在着温度的场称为"温度场",它是某一时刻室内空间中各点温度分布的总称。

(二)博物馆环境湿度

水是各种因素破坏文物的媒介,博物馆内湿度条件的优劣是评价博物馆环境的关键。环境中的水分含量是以空气湿度为表征的,运用下列公式可以将相对湿度换算成绝对湿度以对比博物馆内外的湿度:

绝对湿度=相对湿度×当时温度下的饱和湿度

调节博物馆内湿度时，必须考虑馆内相对湿度与温度的密切关系。博物馆内湿度分布是不均衡的，具有场分布特征，即"湿度场"。不同区域湿度的大小与附近是否存在"湿度源"以及通风情况有关。一般情况下，博物馆内湿度源主要与地下水和外界大气水分含量有关，在各类博物馆中，地下水问题在大遗址博物馆中最为常见，地下水湿度源对博物馆的影响主要表现为室内湿度高于室外湿度。博物馆内的通风情况也是导致湿度分布不均衡的一个重要因素，当室外湿度高于室内或遇到大气降水时，展厅门口即上风口湿度高于展厅内部——这是由于展厅门口与室外空气最为接近，气流较快，从而带动水分向内部迁移。

（三）博物馆大气环境

博物馆的大气环境包含多种物质成分，除上述的氧气、氮气、水分外，还包括硫和氮的氧化物（酸性气体）、小分子有机挥发物、飘尘、微生物等。上述各种成分都会使文物实体材料发生氧化、水解等腐蚀降解反应，从而损害文物。

（四）博物馆光照环境

由于光辐射特别是紫外线的辐射，能够给文物实体质点提供能量，使质点活泼程度提升，更容易发生改变和位移。例如，光照可引起有机高分子材质文物发生一系列光化学反应，加速有机高分子材料的老化变质，因而合理地选择光源、控制光源强度以及科学地选用光稳定剂、紫外线吸收剂等抑制光引起的光化学反应的措施是十分重要的。

（五）博物馆微生物环境

微生物会使有机质文物霉烂、糟朽，因此消毒灭菌、防止微生物对馆藏文物的侵蚀和破坏是非常必要的。文物实体出现的霉烂只是微生物腐蚀的宏观特征，微观层面上，在微生物的作用下，文物实体质点发生了改变或被腐蚀，产生位移，脱离了文物实体，使文物实体产生破损等现象。因此，微生物控制工作对博物馆工作来说十分重要。

博物馆防治微生物的重点是预防霉菌滋生繁殖，预防霉菌的基本方法是在库房创造抑制霉菌繁殖的环境。适宜的温度、湿度对霉菌的繁殖极其重要，没有适宜的温度、湿度条件，即使有足够的营养，霉菌也不会发育。把博物馆温度控制在 15~25 ℃，相对湿度控制在 65%以下，有助于抑制霉菌发育。保持博物馆清洁无灰尘，也可阻碍霉菌发育，对预防微生物滋生繁殖也很重要。

三、博物馆的观众环境

博物馆除了要考虑文物保护所需的环境条件，还应考虑观众在博物馆环境中是否舒适的问题，即既要考虑文物展示和保管所需的环境条件，同时又要考虑观众对环境舒适度的要求。

（一）观众环境特点

博物馆是公共场所，往往人群密集。现代博物馆建筑空间密封性好，有利于控制温度、湿度，但不利于空气流通，污染物容易积聚。实际上每位观众都是一个污染源，会释放出各种对文物实体有害的物质。个别观众还可能携带了病原微生物，易造成疾病传播。所以，观众环境是一个对文物污染比较严重的空间场所，也是流行病容易传播的地方。

（二）观众环境中的视觉要求

杂乱的色彩会引起视觉混乱。人的眼睛像是一对自动搜索器，总是处于寻找状态，两到三秒就会移动一次，每移动一次就会抓住一些东西。然而在杂乱无章的色彩环境里面，如果没有什么可以观察的物体，人就会出现视觉饥渴。

单一色彩易造成视觉疲劳,而"视觉污染"则是环境污染在人视觉上的体现。人观察到那些杂乱无章、极度不协调、丑陋的事物,会产生情绪上的烦躁郁闷、感官上的倦怠等。博物馆环境是集中了大量同样成分的视觉环境,色彩要和谐统一,但是统一并不是单一,应与展览内容、博物馆建筑空间相协调。

第三节 文物的材料

一、文物实体材料的组成与结构

(一)文物实体材料的组成

通常情况下,文物实体材料是由多种材料构成的复合体。文物实体材料＝文物本体材料＋污染物＋腐蚀降解材料＋水＋伴生材料。

材料组成的复杂性是文物实体材料与现代材料的根本区别,因此在对文物实体材料进行研究时,不能仅仅依靠材料学的研究方法,还要对文物实体材料本身所蕴藏的各种信息进行研究,注意挖掘文物实体材料中的历史人文信息和科学价值。

实际上,对文物实体材料进行结构划分的主要依据是文物信息学,这五种不同结构材料主要反映了文物实体在整个产生、变化、保存过程中,即整个寿命存续过程中的各种信息,包括历史信息,也就是时间长度,使用时间、埋藏时间与保存时间等;文物实体制造加工信息,包括文物的本体材料、原材料等;污染物和腐蚀降解信息,主要是文物实体的使用、废弃、埋藏和保存过程中的环境信息,包括在环境中的主要污染物、埋藏和保存环境中的酸碱性等因素作用下的腐蚀和降解机制等;水的信息反映了环境的信息,包括埋藏环境、保存环境等；伴生物质信息，反映了与文物实体的原材料和加工工艺相关的物质信息，以及文物实体在埋藏和保存环境过程中发生腐蚀降解时随特定伴生关系而产生的物质等信息。因此，在对文物实体进行材料学方面的研究时，必须将这几部分明确区分开来，只有将这几部分组成材料研究透彻，才能准确获得文物所蕴含的信息。对这些信息进行综合分析，是制定文物保护修复技术方案、确立保护目标的重要手段，同时也可避免保护修复给文物带来二次损伤。

当然，上述分类方法既不是化学的分类方法，也不是材料学的分类方法，而是依据这些材料所含的文物信息进行分类的方法，是建立在文物信息学基础上的对文物实体材料进行分类的方法。对于其中每一种材料结构、性能的分析检测和认知，依旧要依靠材料学的手段和理论，从宏观结构到亚微观结构、微观结构，依次进行分析和研究。

（二）文物实体材料的结构

从本质上说，文物实体材料是由分子或原子组成的物质实体材料，材料的性质、性能与其结构、构造有着密切的关系。因此，研究文物实体材料的基本点就是研究文物实体材料的组成和结构，以及其与性能之间的关系。材料的结构大体上可分为宏观结构、亚微观结构和微观结构三个维度。从材料学的角度来看，对文物实体材料进行研究，最重要的就是从这三个维度进行分类研究，不同维度结构的原理、研究方法也不相同。

宏观结构是指用肉眼或放大镜能够分辨的粗大组织，一般尺寸约为毫米级大小，这个层次的结构也被称为宏观构造。

亚微观（或介观）结构也称细观结构，一般是指用光学显微镜所能观察到的材料结构。光学显微镜的放大倍数可达一千倍，分辨率可达几千分之一毫米，可用于分析材料的结构组织，如天然岩石的矿物组织，钢材中的铁素体、珠光体、渗碳体等组织，木材的木纤维、导管、髓线、树脂道等显微组织。材料内部各种组织的性质各不相同，这些组织的特征、数量、分布、界面之间的结合情况都会对文物实体材料的整体性质产生重要影响。因此,研究分析材料的亚微观结构有着非常重要的意义。

微观结构是指物质的原子、分子层面的结构。一般要借助于电子显微镜、X 射线衍射仪、红外光谱仪、拉曼光谱仪等具有高分辨率的仪器设备进行观察、分析,其分析精度以"埃"为单位。材料的微观结构与文物实体材料的许多物理性质,如强度、硬度、弹塑性、导热性等都有密切关系。

二、文物实体材料组成与结构的变化形式

文物实体材料在时间和环境因素的共同作用下,从微观结构到宏观结构都会发生一定程度的变化。一方面,材料本身的性质会发生改变,从热力学的角度来说,一切自然过程总是沿着分子热运动无序性增大的方向进行,分子热运动的结果是材料性能变化。另一方面,受文物实体材料所处环境的影响(包括埋藏环境、保存环境等),材料受到相应的水、光、热、微生物等因素的作用,发生一系列不同程度和不同方向的老化、降解反应,使得材料本体结构产生不可逆的变化(从宏观结构、亚微观结构到微观结构都有了变化),进而使得材料的外观、性能等发生变化,如颜色变化、脆弱、糟朽等。

文物实体材料组成与结构变化的表现形式:文物实体材料在经历了长时间的埋藏,与环境、水等因素作用之后,其从微观的化学组成、聚集态结构等到宏观的形状等方面都发生了变化。从变化的尺度来划分,可分为宏观、亚微观和微观结构的变化。但是从文物实体材料的物质属性等方面来说,文物实体材料变化主要表现在以下几方面:文物实体的结构和形状的改变、文物实体的孔隙结构改变、文物实体材料的化学组成成分改变等。

（一）文物实体的结构和形状的改变

文物作为一种具有一定形状的物质实体，其存在的前提条件就是形状和结构具有稳定性。除了化学组成成分具有稳定性，形状和结构稳定的前提条件还包括文物实体结构具有力学稳定性、文物实体材料本身具有力学稳定性等。从本质上来说，这一部分对应的就是文物实体材料的力学稳定性。例如，在埋藏或者存续过程中，由重力作用、相互挤压、地震等引起的文物实体的力学失稳、摩擦挤压变形等，以及温度、湿度变化引起的文物实体的热胀冷缩、湿胀干缩等造成的应力集中，并由应力集中引起的文物实体材料变形、破裂、断裂等病害。文物实体材料的力学稳定性是文物保护研究的重点方向之一。

（二）文物实体材料的孔隙结构变化

文物实体材料是经历了数百上千年的古代材料，存在着各种尺寸、形状的孔隙，这些孔隙既包括材料的原生孔隙，也包括加工、制作等工艺过程中产生的次生孔隙。文物实体材料在选材、制作加工成形、使用、废弃、进入埋藏等过程中，其孔隙结构也会发生相应的变化。在这些变化过程中，孔隙的数量、分布、结构、形状、尺寸等参数也会发生变化，孔隙结构的变化会引起文物实体材料的吸附性能、力学性能、化学组成稳定性的变化，因此文物实体孔隙结构的变化也是文物实体材料发生变化的主要形式之一。

（三）文物实体材料的化学组成成分改变

在环境因素的作用下，组成文物实体的各种材质，其化学成分会发生变化，这种现象通常称为老化。一般情况下，无论环境条件怎样变化，各种材料都会出现老化反应，文物实体材料也不例外。而文物实体材料在漫长的历史过程中，其埋藏、保存等环境中的温度、湿度、光照、臭氧、污染气体等因素，都会影响文物实体材料的老化速度，使文物实体材料发生不同程度和不同类型的腐蚀作用或者降解反应，文物实体材料会逐步转变为腐蚀、降解的产物。在某些情况下，污染物也能与文物实体材料发生化学反应，使文物实体材料的化学组成成分发生变化。伴生物也会随着不同的环境条件而发生一定的变化，如金属矿物中的伴生元素被氧化等，这种变化也造成了文物实体材料化学组成成分的变化。从材料学的角度来说，文物实体材料的化学组成成分变化会引起文物实体表面形貌、力学性能、结构等的变化。因此，文物实体材料的化学组成成分的变化也是文物实体材料发生变化的主要形式之一。

第五章　各类文物保护技术

文物的保护是博物馆学中的重要内容，也是博物馆的基本职责之一。只有做好文物环境保护、文物保养和修复等工作，才能确保文物得到有效的保护和保存。如何在博物馆学新视野下对各类文物的保护技术进行研究，是社会面临的一大课题。

第一节　青铜器文物保护技术

一、青铜器文物的腐蚀

青铜器腐蚀，是指青铜本体受到各种污染源的侵蚀，使铜体局部发生化学反应和电化学反应，引起金属的破坏或变质，生成了与原金属的化学成分和性质全然不同的另一种物质。

（一）小孔腐蚀

据现有研究表明，青铜病的产生与青铜器铸件本身的缺陷所产生的小孔腐蚀有一定的关系。青铜器是铜与锡或铅等元素按照一定比例熔铸而成的合金，三种金属的熔点及其他物理性质存在差别；其铸造工艺又经过制模—制范—浇铸—修整—打磨等工序，在浇铸过程中，由于铜和锡具有不同的收缩率，便会形成较小的分布集中的缩孔，不易得到组织致密的铸件；浇铸后，锡汗造成铸件内外成分不均匀，并在铸件内部造成许多小空洞。除此之外，铸造工艺本身也会使铸件内部产生小空洞和裂纹等缺陷。由于铸件的小孔、裂缝处容易积聚杂质，形成缺氧的区域，在表面吸附作用和毛细作用下，这些区域的小孔和缝隙中更容易积聚水分，从而优先产生电化学腐蚀。

（二）碱式氯化铜粉状锈腐蚀

青铜器文物的腐蚀以电化学腐蚀为主，电化学腐蚀就是金属表面的水蒸气形成肉眼很难见到的水膜，潮湿空气中的氧气、二氧化碳、二氧化硫、氯化氢等气态物质能溶解于水膜中，使水膜成为电解质溶液，金属与电解质溶液作用界面间带有不同电荷，从而形成双电层，构成微电池的不同电极，电位较低的金属失去电子而被腐蚀。青铜器文物的腐蚀物中以粉状锈最为严重。在文物保护界，对碱式氯化铜粉状锈产生的机制主要有三种观点。

1. 铜的电化学腐蚀机制

由于氯离子的存在，铜器上形成层状结构腐蚀，最终生成粉状锈，这种作用不断进行下去，使铜器酥粉脆化。

2. 点蚀性机制

由于合金成分铜、锡、铅分布不均匀，铜体内形成微电池反应，导致电化学腐蚀，这也需要含氯的离子环境。

3. 晶间腐蚀机制

由于青铜器内金相组织不同，每个相中锡的含量不同，合金铜中的电化学腐蚀程度受到相中含锡量多少的制约。锡含量较高的相电化学腐蚀容易产生，氯离子在粉状锈的生成过程中仍起着关键作用。

由此可见，碱式氯化铜粉状锈产生的基本条件是相同的，即氧化性气体、潮湿环境和水溶性氯化物。最新研究发现，氯离子并非仅存在于有害锈出现区域，也并非仅存在于某个锈层，而是存在于各个锈层。

二、青铜器文物保护的基本原则

要想探讨保护青铜器文物的有效途径，必须先确定保护青铜器文物的基本原则，只有在严守原则的前提下进行的保护处理才是合理、可行的。多年的保护实践证实，青铜器文物保护必须遵循以下原则：

（一）选择性地清除和保留青铜器腐蚀物

数千年前遗存的青铜器，都会不同程度地被腐蚀，其腐蚀物覆盖层是古艺术品的象征，故有些腐蚀应予保留，但对危害青铜器的氯化亚铜和碱式氯化铜等则需毫无保留地清除。要想根除氯化物对青铜器的危害，除锈技术是关键。古代的青铜礼器、兵器、铜镜表面一般常呈现出黑漆古、绿漆古、水银沁、枣皮红等矿化腐蚀产物，如结构紧密、不再深入青铜器内部，一般可保留。

（二）慎重使用保护修复材料

在对腐蚀青铜器进行保护处理的过程中，必然要使用某些化学药剂，对此必须慎重，药剂的使用量尽可能地降至最低。所用药剂必须符合以下要求：分子结构稳定，对铜、锡、铅本体材料无腐蚀作用；无色无臭，不燃不爆；所用药剂具有可逆性；不易生虫、长霉；酸碱度适中。

（三）所用方法要经过试验

青铜文物的化学组成成分、结构、腐蚀情况各不相同，所采用的修复方法要有科学依据，事先要经过反复试验，确有把握后再进行修复。

总之，保持青铜器原状的目的是保护其历史价值、艺术价值和科学价值。青铜器的原状包括其造型、纹饰、色彩、工艺、材料等，所以在选择某种技术对腐蚀青铜器进行处理时，首先要考虑不影响其原状，特别是青铜器外观色彩的变化，对明显改变青铜器腐蚀层色彩的任何方法均应谨慎采用，不可将青铜器处理得面目全非，尤其要保护好能显露器物上古代信息的内容。

三、青铜器文物保护方法

（一）除尘去垢和清洗黏土沉积物

1.除尘去垢

（1）清水除尘去泥垢

尘土颗粒物中含有酸、碱、盐等物质，遇到潮气会腐蚀文物，可以先用毛笔或软毛刷拂去青铜器上的尘土。如果青铜器上粘有泥垢，也可用毛笔蘸蒸馏水软化干硬泥土。清水除尘去泥垢效果较好，水洗后可用软质吸水纸吸除清洗下来的泥水。

（2）醋酸去泥垢

用 8%～10% 的醋酸作松土剂，软化铜器上的干硬泥土。醋酸既是缓蚀剂，又能因易挥发产生气体而起到松土作用。

2.超声波法清洗黏土沉积物

青铜器由于长期埋于地下，表面附有锈蚀产物和黏土矿物的混合物，黏土沉积物含有石英、高岭土等，并混杂绿色锈状物，既影响美观，又为长期保管留下隐患，必须清洗去除。

（1）蒸馏水-超声波清洗

对于表面有钙、硅质沉积物的青铜器，可先在 50 kHz 的超声波清洗仪中用蒸馏水振荡清洗 5 分钟，取出晾干，再进行修复。

（2）六偏磷酸钠溶液-超声波清洗

对于青铜器中有钙离子、镁离子、铁离子、钡离子等沉积物的还可在六偏磷酸钠溶液中用超声波振荡清洗。

六偏磷酸钠是无色透明玻璃状粉末,水解形成正磷酸盐后有微弱的还原性,对钙离子、镁离子、铁离子、钡离子等的配合效果好,易吸附于固体表面,可充分发挥分散性,有很好的洗涤效果。

一般用1%~2%的六偏磷酸钠溶液清洗,在清洗时加入0.5%的十二烷基磺酸钠。十二烷基磺酸钠是一种常用的阴离子型表面活性剂,可提高六偏磷酸钠溶液的溶解性、渗透性及分散性,加快清洗速度。

(二)除锈

除去腐蚀产物有多种方法,如机械去锈法、还原去锈法、化学试剂去锈法、置换去除氯离子法等,其中有些方法会改变文物的外观,使其失去原来的特征。故必须选用对严重粉状锈去除有效、处理后对青铜器的颜色和质感无明显影响的方法。对不同青铜器除粉状锈时必须谨慎地选择不同的方法。

1.双氧水溶液氧化去锈

为彻底清除器物上深浅不同的粉状锈和氯离子,可用10%的双氧水反复涂刷,使锈蚀产物中的氯离子氧化成氯气,然后清除。

双氧水在有金属离子存在的情况下,会很快全部分解,对器物不会有任何影响,处理时间较短,去氯较为彻底。

2.倍半碳酸钠溶液去锈

将纯的碳酸钠与碳酸氢钠以等摩尔数混合后,溶解于蒸馏水中,一般配制成5%的溶液。浸泡处理前,先用针剔刀刮的方法去除表面的粉状锈,并用氨水刷洗干净。

对于大件青铜器来说,浸泡法处理费用较为昂贵,可以用脱脂棉蘸5%的倍半碳酸钠溶液或将用5%的倍半碳酸钠溶液浸渍过的纸浆敷到有"青铜病"的地方。这种方法安全性高,但费时很长,有时需1~2年的时间才完成一件器物的去锈工作。此外,由于氯化亚铜转化成碳酸铜,加之其他一些铜盐也转化成难溶的碳酸铜,处理后的器物色调较处理前加深、加绿。

3.柠檬酸和硫脲混合溶液去锈

柠檬酸属有机酸，为无色晶体，用5%硫脲和5%的柠檬酸混合溶液涂刷锈蚀处，柠檬酸可与锈蚀物中的二价铜形成稳定的配合物，硫脲对一价铜的配合能力较强，混合使用效果好。在含有碱式氯化铜的腐蚀产物中，要使氯离子顺利地通过腐蚀层向外扩散，就要借助硫脲与比它疏松性差得多的氧化亚铜的反应而溶解，使氯离子释放出来。此法对需显示表面铭文和花纹的青铜器效果很好。

4.氨水溶液去锈

将14%的氨水溶液用软毛笔刷于青铜器的锈层上，让其充分反应，铜锈因和氨水反应形成深蓝色铜氨络合物溶液。此法除锈经济、安全、快速，不会伤害铭文及精致的花纹，除锈后的器物，表面有一层红色的氧化亚铜膜，较稳定，清洗效果较好，花纹、图案十分清楚。

5.乙腈水溶液去锈

用50%的乙腈水溶液去除氯化亚铜效果非常好，此法去锈速度快，去氯离子多，是从腐蚀产物中去除氯化亚铜的最好办法，但需要在良好的通风环境下并采取一定的密闭措施进行浸泡。

6.锌粉-5%氢氧化钠溶液去除铭文周围的铜锈

锌粉是一种很好的还原剂，当锌粉与氯化铜、氯化亚铜混合一段时间后，锈蚀物中的氯离子与锌粉反应生成氯化锌，还能生成氧化亚铜保护膜。无论在干燥或潮湿环境中均可发生反应，同时生成的氢氧化锌又是一种胶状物质，也能起到保护作用。

有的青铜器上有铭文，但铭文被铜锈掩盖，要使铭文显现出来，用以上方法，操作简便，除锈速度快，如青铜器处在一个相对湿度较高的环境里，用锌粉-5%氢氧化钠溶液去除有害锈更为有效、彻底。

第二节 陶瓷文物保护技术

一、陶瓷文物的损坏

（一）陶器文物的损坏

一般情况下陶器比较稳定，具有良好的耐候性（耐受能力），以及一定的机械强度和耐水性。但由于陶器文物长期埋于地下，受到地下水的不断侵蚀，加之盐的交替变化（结晶与溶解）的影响，自身的抵抗力减弱；出土后的陶器文物，由于暴露在空气中，原有温、湿度的平衡被打破，再加上日晒、雨淋、大气污染、霉菌及震动等多种因素的影响，极有可能遭到损坏。具体来说，常见的陶器文物损坏主要有以下几类：

1.可溶性盐类损坏

长期埋在地下的陶器文物，由于地下环境一般呈潮湿状态，地下水中含有大量的可溶性盐类，如碳酸盐、硫酸盐、卤化物等，这些可溶性盐类随地下水浸入多孔的陶器内部并积聚起来，因此器物含盐分很高，如甘肃酒泉出土的黑彩陶罐，研究人员利用X射线衍射测定其黑彩成分时，氯化钠的衍射峰强度很大，掩蔽了氧化铁的衍射峰。这些可溶性盐类浸入陶器中，会出现两种情况：一是与陶器中的金属矿物质发生置换反应，改变陶器的内部结构，引发陶器的劣化。二是这些渗入并积聚在陶器孔隙中的可溶性盐类的溶解度会随环境温、湿度的变化而变化。当环境中湿度增大时，陶器的水分含量升高，使得陶器中的可溶性盐类溶解；当环境温度升高时，随着陶器中水分的蒸发，可溶性盐类就会在陶器内部、外层或颜料层中结晶，造成体积膨胀，对孔隙四壁的压力增大，溶解后，这种膨胀压力又随之消失。这种现象，即可溶性盐类的溶解—结晶—再溶解—再结晶现象，会随着环境温、湿度的变化反复不断地出现，其后果就是不断结晶产生的膨胀作用使本来就不大坚实的陶器变得更加疏松和脆弱，稍遇外力就会破碎，尤其是孔隙较大的夹砂陶，更易损坏。这也是出土的完整陶器很少的主要原因。

2.难溶性盐类损坏

陶胎中钙、镁、铁等金属阳离子溶出后，会与地下水中的碳酸根离子、硫酸根离子、氢氧根离子、硅酸根离子、磷酸根离子等阴离子反应，在陶器表面形成一层坚硬的垢层。这类难溶物仅在陶器表面形成一层坚硬的覆盖层，与陶器本体的结合力并不太强，对陶器本身强度的影响不大，但它易形成块状脱落而损伤陶器，尤其对彩陶影响更大，因为彩陶的颜料主要是氧化铁、四氧化三铁及二氧化锰等矿物质，它们耐强酸、强碱性能都较差，与盐之间有一定的结合力，坚硬的外壳脱落以后，势必造成彩陶图案的破坏。

3.温度、湿度变化造成的损坏

除前述温、湿度的变化致使可溶性盐类对陶器造成损坏外，出土后暴露在空气中的陶器文物由于原有的温、湿度平衡被破坏，温、湿度变化造成的损坏更严重。若温度低于 0 ℃，陶器中的水分就会结冰，水由液态变成固态时，其体积膨胀 8%，由此产生的膨胀力约为 $6\times10^3\,kg/cm^2$；当温度高于 0 ℃时，冰又融化成水，这个力随之消失，如此反复作用，陶器质地就会变得疏松，甚至出现裂隙。若是在高温的夏季，气候干燥，空气湿度小，陶器中水分挥发速度加快，也易使陶器出现裂隙。若遇梅雨季节，温度高、湿度大，霉菌的繁殖速度和各种化学反应速度加快，同样会对陶器造成伤害。

4.空气污染造成的损坏

自 20 世纪六七十年代以来，主要由工业生产而导致的环境污染日益严重，空气污染是其中的一个重要方面，主要表现为：大气中二氧化硫、二氧化碳、硫化氢、氯化氢等有害气体的浓度逐渐增高；尘埃日益增多。在环境潮湿以及空气污染较为严重的地方，当富含酸性废气、盐类、微生物及各种菌类的尘埃落在陶器文物的表面上，会在陶器文物的表面形成一层土灰色的覆盖层，它使得陶器表面的湿度比内层大，潮湿的表面更容易吸附酸性气体，并且利于霉菌的生长。霉菌新陈代谢产物中的硝酸、硫酸、亚硝酸及有机酸等将会和空气中的酸一起对含有钙盐结构的陶器文物产生一定程度的破坏。特别是对彩陶来说，这些酸不仅能使器物褪色、整体强度下降，还会造成一连串的破坏，如引起器表剥落等。

5.食物腐败物、烟熏造成的损坏

有些陶器文物作为陪葬品，内盛食品等物，随着时间的推移，食物腐败变质，使器物受到污染。在古代，还有许多陶器文物被用作炊具，长期受到烟熏以致器物表面变黑，此种污染及污迹对彩陶损伤甚大。另外，有一些彩绘俑仕，出土后由于原有平衡遭到破坏，表面彩绘会剥落、起翘，甚至完全消失。

（二）瓷器文物的损坏

与陶器相比，瓷器质地致密、坚硬、光滑，不易吸水，可溶性盐类也不易渗入瓷器内部。同时，凡瓷器均上釉，烧结后的釉即为硅酸盐，也就是玻璃。釉与瓷胎体之间有一个很薄的中间层，一般只有胎体厚度的 1%～3%，是釉在熔融过程中与胎体发生作用的结果。釉层虽然很薄，却能改变胎体的一些物理、化学性质，使瓷胎具有较好的热稳定性、化学稳定性和介电性能。因此，瓷器的损坏多为机械性损坏。

二、陶瓷文物的修复

陶瓷文物在出土前，多在地下埋藏数百年乃至数千年，由于陶瓷文物本身脆性大，加之年代久远，出土时大多都已破碎成片，而且充满各种污染物。因此，出土的陶瓷文物一般都需进行修复处理，然后才能入馆保藏。陶瓷文物的修复一般都经过清洗、拼对、粘接、补配、加固、作色及做旧等步骤。

（一）清洗

清洗是修复陶瓷文物的第一步，其目的是将被修复器物表面及断裂部位的各种泥土、杂质和污垢清除干净，使陶瓷文物露出本来面目，为后道工序的开展提供条件。

陶瓷文物的清洗方法很多，归纳起来，常用的基本方法主要有机械清洗法和化学清洗法两种。机械清洗法是用硬毛刷或细铜刷或刀锥、竹签等工具，对器物表面进行干刷，以去除覆在其上的泥土和杂质。硬毛刷主要用于胎质松软或风化严重的器物，而刀锥、竹签等尖利工具主要用于剔除较坚硬的土锈、杂物等。一般而言，出土的陶瓷文物都要先用此方法进行初步清洗处理，然后再用其他方法进一步清洗，特别是有些不宜进行水洗、酸洗的器物，更需用此方法进行清洗。化学清洗法是用化学药剂来清除陶瓷文物表面的锈碱、油渍等。常用的化学药剂有盐酸溶液、甲酸溶液、高锰酸钾、双氧水以及乙醇、乙醚和丙酮等有机溶剂。

在正式开始清洗工作前，必须做好准备工作，主要是对修复对象进行全面仔细的观察和分析。具体而言，包括以下几个方面的内容：第一，确认器物胎质性质。首先确认是陶胎还是瓷胎（若是陶胎，应重点观察其是否有较严重的风化、粉化等现象），并根据胎质致密程度，估算出大概吸水率。第二，检查釉面情况。主要是明确釉的性质，检查釉表面是否光滑、有无龟裂，釉层附着力如何以及釉层剥落情况等。第三，辨别器物上彩绘纹饰的情况和性质。加彩的陶器要注意区别彩陶与彩绘陶；观察剥彩现象是否严重，并找出防止继续剥落的方法。第四，研究分析器物表面及断面上的污染情况。主要是确定器物上泥土、杂质和污垢的性质、种类、附着力大小以及器物本身的受侵蚀情况等。在上述观察和分析的基础上，制定正确有效的清洗方案。另一项准备工作是拍照建档。须给修复前的器物拍摄照片，连同修复过程中和修复后的照片，以及器物的详细登记情况，一并存档。具体进行清洗时，针对不同的器物、不同的污垢，应采取不同的清洗方法。

1.陶器文物的清洗

出土陶器文物的污染物主要有三大类，一是可溶性盐类，二是钙类、硅类难溶物，三是腐败物。陶器文物的清洗主要就是去除这三类污染物。

（1）可溶性盐类清洗

陶器中所含的可溶性盐类与器物出土地域的地质情况有密切关系，一般是氯化钠、氯化钾、碳酸钠、硫酸镁以及这些金属阳离子的氢氧化物。含盐分高的陶器文物，时间稍长（2~3年）器物表面就会泛白，出现盐结晶，长出无数小花点，导致器物表面粗糙，甚至可使釉面剥落，同时使得器物内部松脆、容易碎裂，因此陶器中盐分必须去除。一般可采用水洗涤的方法。但须注意器物表面装饰物（如彩绘）能否经得住清洗，否则应先进行加固保护然后才能清洗。

①素陶。指器物表面没有其他材料装饰的器物。这类器物一般用洗涤法除盐即可。具体做法：把器物放入流动的水中，洗涤一两天，除去大量的盐分后，再换用蒸馏水浸泡洗涤。判断除盐效果时，既可利用电导仪测量洗涤液的电导率，也可利用2%的硝酸银溶液测定洗涤液中的氯离子浓度。

②彩陶。彩陶是在坯体未干时将彩料涂于器物表面，经打磨压入器表，和器物牢固结合（如马家窑文化时期的彩陶）的器物。此类器物可直接用洗涤法去除盐类。对虽经打磨但因制作粗糙而器物表面松散的彩陶（如甘肃玉门火烧沟文化遗址出土的彩陶），须先对其表面进行加固，后再用洗涤法除盐，常用的加固剂有2%的硝基纤维素丙酮溶液、2%的可溶性尼龙酒精溶液、3%的乙基纤维素酒精溶液。还有一些器物由于本身非常脆弱，虽经高分子材料加固表面，仍不能用洗涤法除盐，这时可用纸浆包裹法。具体做法：先把滤纸或吸墨纸撕成碎块，放入盛蒸馏水的烧杯中，加热搅拌使其成纸浆；把纸浆涂在器物表面且使纸浆干燥，由于滤纸毛细管具有吸出作用，液体和盐类就会从器物内部转移到器物表面，并且在敷纸上结晶，如此反复数次，即可除去盐分。

③彩绘陶。彩绘陶是指将陶胎烧成之后在其表面进行彩绘的陶器，又称烧后彩绘陶。这类器物由于处在地下潮湿的环境中，颜料中的胶结材料已老化并失去作用，出土后在干燥环境下彩绘颜料会脱落起甲。对此类器物，应先整修、

进行表面加固，然后视其强度选择洗涤法或纸浆包裹法除盐。

④釉陶。釉陶烧成温度较高，如著名的唐三彩素烧温度高达 1 100 ℃，其强度比一般陶器高，加之其表面覆盖一层玻璃质石灰釉或铅釉层，故其稳定性也比一般陶器要好得多；但若釉层不全或不完整，盐类也会渗入陶体内部，在温、湿度变化时，盐类结晶，会造成釉层剥落。对此类器物，若釉层与器物结合牢固，可直接用洗涤法除盐，若二者结合很松散应先加固，再视强度情况选用洗涤法或纸浆包裹法除盐。

（2）钙类、硅类难溶物清洗

此类难溶物在博物馆条件下很稳定，对文物也无任何损害，一般情况下不予去除，但若其掩蔽了彩陶文物的花纹图案，则必须将之清除。

去除方法如下：对石灰质覆盖层，视其厚薄，分别用 1%、2%、4%的稀盐酸溶液擦洗，有时也可加入 0.5%的乌洛托品试剂作为缓蚀剂；等图案花纹快出现时，用 5%的六偏磷酸钠溶液浸泡，以除去剩余石灰质。覆盖层除去后，再用大量清水冲洗。对石膏类覆盖物，可用硫酸铵的热饱和溶液擦洗，除完后用大量清水冲洗。对硅质类覆盖物，一般可用机械法去除，也可用 1%的氢氟酸溶液擦拭去除，但因氢氟酸有剧毒，应在通风橱中操作，同时它对陶质中的所有成分均有腐蚀作用，故操作时应非常仔细。

（3）腐败物清洗

对于有机脂类污垢，可采用脱脂棉蘸酒精、丙酮、乙醚或二甲苯等有机溶剂擦洗去除；对于油烟类污渍，可用 5%的碳酸钠加 0.5%的十二烷基苯磺酸钠的热溶液擦洗清除；对于炭黑，可用 3%的双氧水溶液擦洗，使其氧化脱落。

2.瓷器文物的清洗

清洗瓷器的方法很多，常用的方法有：第一，清水去尘、除泥。对残片上的泥土、灰尘和旧缝中存有的黄、黑垢迹，可用清水、洗洁精、漂白粉等浸泡，用刷子、竹签、刀子手工清洗。第二，机械去污。对有些坚硬的附着物，用小型超声波或电动刻字笔等清洗。第三，化学去污。瓷器上的碳酸钙、碳酸镁等盐类物质可用 5%~10%的稀盐酸、甲酸或醋酸等清洗。

在上述清洗过程中，必须注意几个问题：第一，无论采取何种清洗方法，均应以不伤害文物为基本原则。在没有把握的情况下，必须先经过试验，取得满意效果后再使用。第二，陶器的质地较脆，且吸水率高，故需尽量减少用水量及其他有害溶液的浸泡。对风化严重的低温陶器和彩绘陶器，严禁采用水洗方法，除垢酸液浓度也要低。第三，清洗瓷器的釉上彩时要格外小心，其因年代久远极易剥落，有的对酸液敏感，易被腐蚀、掉色。第四，陶瓷文物并非清洗得越干净、越彻底越好。相反，有些器物上的异物应加以保留或保护。凡黏附在器物表面的各种历史遗存应加以保留，如丝麻织品或其他印痕以及必要的各类锈蚀等；既有年代特征，又能反映品种特点的锈蚀应尽量保留，如汉代的"银釉"；在不影响观看和鉴赏的基础上，应在不重要的部位保留少量能反映文物年代特征的各类锈蚀。

（二）拼对

拼对是陶瓷文物修复的重要环节之一。破碎不严重的器物拼对较易，关键是破碎严重的器物，在拼合对接前，应仔细观察残件（片）的形状、颜色、纹饰，大体分一下类，初步确定其所在部位，然后再逐块进行试拼，并编好号。同时，做好粘接前的各项准备工作。

（三）粘接

粘接是修复陶瓷文物过程中难度较高的工序，粘接时一定要兼顾上下左右的关系，原则上是由小到大。可从底部往上粘接，也可从口沿部分开始粘接，但要保证每一片需要整合的陶瓷片不能有丝毫的错位，否则，破损缝隙将无法复位。

1. 黏合剂

修复陶瓷器，黏合剂的选择是关键。常用的适于陶器粘接的有硝基纤维素、三甲树脂、环氧树脂黏合剂、聚醋酸乙烯酯、乙烯-醋酸乙烯共聚物等。其中，环氧树脂黏合剂种类很多，有多种胶可用于修复瓷器。

2.粘接方法

（1）直接对粘法

这是应用最多、最基本的粘接方法。操作过程是：首先将黏合剂均匀地涂抹在已清洁干净的断面上；然后将两断口正确地拼对在一起，用力按实；再用脱脂棉蘸取少许溶剂并挤成半干，将断缝外的黏合剂擦拭干净。粘接拼合后的部位需加以固定，直至黏合剂完全固化后，除去固定用具和用品。此法适用于环境温度为20～22℃、相对湿度小于85%的条件下。

（2）灌注粘接法

灌注粘接法是将需要粘接的各部位先归置好，然后再将黏合剂灌注到断裂的缝隙中。基本做法：将准备粘接的部位固定好位置，再用橡皮泥或打样膏把断口两侧和下面的缝隙堵严，以防灌注时胶液外流；然后将配制好的黏合剂从断缝上方灌入；待黏合剂完全固化后，将橡皮泥去除干净即可。此法适用于裂缝间隙较宽的器物、各类非完全性断折器物，以及用直接粘接法后接缝尚有小部分缺损，又不必进行补配修复的器物。

（3）快速粘接法

这是对破损不太严重的器物进行应急修复的一种方法。常用瞬干胶或热固型环氧树脂黏合剂进行粘接。

（四）补配

若一件陶瓷器的破损部位不存在了而不能通过粘接将其形体完全复原，此时就需要对其进行补配修复。常用材料有石膏粉、水泥、聚醋酸乙烯乳胶、钛白粉、滑石粉、虫胶清漆、丙烯酸清漆、白炭黑及环氧树脂黏合剂等，应根据修复对象、要求等的不同选择其中的某些材料进行补配。补配的主要方法有填补、塑补和模补三种。此外，还有陶补法、瓷补法及插接法等。

（五）加固

陶瓷器物的加固分为机械加固和粘接加固两类。前者是指陶瓷文物在运输与展览过程中的保护性加固，多用于大型器物或易损器物。后者是利用黏合剂或涂料的黏合力及其固化物的性能来提高器物表面或局部的强度和硬度；既可起到保护作用，又可防止彩绘和釉层的继续风化和剥落，应用十分广泛。根据不同对象，常用的加固方法有喷涂加固法、滴注加固法、浸泡加固法和玻璃钢加固法。

（六）作色

为了便于展览或出于其他需要，某些陶瓷器需作色，这也是最难的一道工序。对于涂釉的部位和器物，作色往往还要与仿釉工作同时进行。首先，应根据器物的原色，选择好颜料，可从色彩、遮盖力、着色力、黏度、比重、分散性能、耐光性、耐热性、耐酸碱性、耐溶剂性等方面进行考虑。其次，应拟定作色方案，并根据方案进行调色。最后，进行着色，可根据不同情况采取不同的着色方法，如喷涂法、擦涂法、勾画法、粘贴法、吹扑法等。

（七）做旧

1.瓷釉光泽处理

出土的陶瓷器物长期埋在地下，在自然侵蚀下，大多失去光泽，年代越久，光泽差异越大；有些瓷器表面有一层极薄的透明膜，俗称"哈利光"，观其釉色有一种散光现象，如唐三彩上的"蝇翅纹"，就是其中的一类。对此，可根据不同情况及需要分别采用压光法、抛光法或罩光法达到做旧目的。

2.釉面锈蚀制作

（1）土锈

土锈是指由于陶瓷文物长期深埋地下，有些泥土变得坚硬板结，牢固地附着在器物表面，凝固成不同形状的土疤。可用扑撒法做旧——用强力黏合剂或漆皮汁（虫胶酒精溶液）、清漆等喷在需要做锈的部位，然后将研好的黄土撒在上面，干后即成土锈。也可将胶与泥浆混合，用牙刷弹、墩、刷，做出点状或斑状土锈。

（2）水锈

水锈是指长期埋在地下的陶瓷文物的表面附着的一些白色沉积物，多呈水痕形状。它们的主要成分是碳酸钙、碳酸镁，有些还含有氧化铁或碳酸铜等物质。其做旧可采用扑撒法，即将清漆、漆皮汁喷或刷在需做水锈的部位，然后将滑石粉或其他颜料粉末扑撒在上面，等涂层完全干燥后，清除干净浮粉即可。也可用复分解法，即在需要做水锈的部位涂一层硅酸钠水溶液，待其干燥后，再用 5%的稀盐酸将涂层表面刷涂一遍。盐酸遇硅酸钠后会发生复分解反应，生成白色盐类物质并附在器壁上。还可用强力黏合剂滴涂在需做水锈的部位，胶液未固化前用水及时喷洒或冲洗有胶部位，胶遇水后即泛白并固化。

（3）"银釉"

墓葬中出土的铅绿釉器表面，常会出现一层有银白色金属光泽的物质，俗称"银釉"。潮湿环境下的铅绿釉面会受到轻微溶蚀，溶蚀下来的物质连同水中原有的可溶性盐类沉积下来，就形成"银釉"。汉绿釉陶器上的"银釉"最为常见，在唐三彩和其他彩釉器上有时也能见到。可用以下方法做旧：在清漆中加银粉喷刷；先刷涂云母粉硅酸钠溶液，再涂稀盐酸，硅酸钠与稀盐酸发生分解反应会产生一层带云母光泽的盐类物质，反复几次即可出现"银釉"的效果；还可通过银镜反应制取出氧化银中的银，或用银箔中的银粉，先用清漆调匀，然后喷刷在器物上。

三、陶瓷文物的日常存放条件

应为陶瓷文物创造一个适宜的外部存放环境，包括建设一个选址科学、环境优美而无污染的库房；控制好库房温、湿度，按我国制定的标准，温度应在18~24 ℃（日变化幅度不超过 5 ℃），相对湿度应在 50%~60%（日变化幅度不超过 5%）；陶瓷器都易破碎，要避免碰撞及成堆垒放；应保持库房干燥，以免陶器受潮；等等。

第三节　金属类文物保护技术

一、铁器文物的保护技术

（一）铁器文物的腐蚀原因及产物

铁器与环境介质之间由发生化学、电化学反应而引起的器物破坏和材料的失效现象叫作铁器的腐蚀。铁的腐蚀在金属中是最为突出的。铁器腐蚀后，铁的质地改变，比重减轻，结构变得疏松，失去原有的硬度和韧性，严重时铁质酥解。

1.铁器文物的腐蚀原因

（1）铁碳合金的结构

铁碳合金的结构有铁素体、铁素体＋渗碳体、铁素体＋石墨体＋少许渗碳体三种形式，每一种形式都是不耐腐蚀的。内部或有海绵状的带气孔结构，或有微裂间隙，或有层与层之间的间距，容易吸附水分，积聚杂质和污染物，各种氧化性、氯化性、硫化性的有害气体容易侵入，使铁器表面遭化学腐蚀和电化学腐蚀，这是造成铁器腐蚀的内在因素之一。

（2）铁的活泼化学性质

铁本身的化学性质比较活泼，是一种比较容易锈蚀的金属，若保存条件不好，就会发生各种化学反应。锈蚀物锈体疏松、体积膨胀或裂成片状，与铁的坚硬质地完全不同。

（3）环境对铁器文物的影响

铁器文物无论是深埋在地下、浸泡在海水中，还是置于空气中，都会发生腐蚀现象。铁器腐蚀过程的快慢，大多取决于氧的阴极去极化作用的强弱。只有金属表面形成水膜，电化学腐蚀作用才能产生。

2.铁器文物腐蚀的产物

在铁器文物生锈腐蚀过程中，化学腐蚀、电化学腐蚀和微生物腐蚀都不是单独进行的，三者经常同时发生在铁器表面，交错作用。铁的腐蚀物一般可分为无害锈与有害锈两类。

（1）无害锈

无害锈是指结构紧密坚硬、稳定的锈蚀成分，如磷酸铁、四氧化三铁及碱式氧化铁等，它们性质稳定，不易水解。无害锈在铁器表面形成薄而致密的黑褐色的氧化物，可防止铁器进一步腐蚀。

（2）有害锈

有害锈是指分子结构疏松不稳定的成分，如亚铁氧化物和铁的氯化物等，它们通过吸水作用使水分子深入内部，发生化学腐蚀、电化学腐蚀和微生物腐蚀，并循环不断。有害锈在铁器表面普遍都有颗粒粗大的锈体，锈体发黄而疏松，体积膨胀或脆裂成片，有不同程度的变形。

从刚出土的铁器锈层构造来看，铁锈往往是互相渗透的，很难分清有害锈和无害锈。在未生锈的铁合金表面，有一层以氧化铁为主的硬氧化层，外层才是疏松有害的锈层。

（二）铁器文物的保护方法

1.出土铁器的预处理

根据铁器的腐蚀机制和锈蚀构造，出土铁器文物的预处理程序如下。

（1）观测记录

采取必要的手段，如摄影、测量等，记录该器物的出土原貌。

（2）检测腐蚀程度

在保护一件出土铁器之前，首先要检测它的腐蚀程度，以便为下一步的保护措施提供依据。铁器的锈层一般较厚，组织松散无规则，仅凭肉眼是不能判断锈蚀程度的。检测铁器锈蚀程度的方法有以下几种：

①X射线法。目前，最好的检测方法就是X射线法。X射线的穿透能力和物质密度有关，铁基体和各类锈蚀物的密度是不同的。通过X射线，相关人员可以清楚地知道锈蚀的分布位置和范围，并能看出锈蚀孔洞的深度，还可以探明锈层下面的器物纹饰或文字。

②探针法。刚出土的铁器，锈蚀严重，无法确定内部铁芯的情况，此时拿取要极为慎重，可用一根细探针逐段、逐片向下刺探，既可以探明锈层的厚度，又可以了解铁芯的牢固程度，以及锈层下面是否有纹饰或镶嵌物。

③磁性测量法。金属铁的最大特点是具有磁性，而铁的腐蚀物没有磁性。通过用磁铁测试铁器的磁性，可以了解铁器的腐蚀程度和腐蚀物的分布位置等。

④密度测定。金属铁在标准状况下的密度为 7.86 g/cm^3，而铁的氧化物的密度在 $5.24\sim4.9 \text{ g/cm}^3$ 之间，铁的氯化物的密度则更小。如果铁器的密度在 6.5 g/cm^3 以上，可以断定锈层较薄；如果密度在 2.5 g/cm^3 以下，可以断定铁器已经完全腐蚀。

⑤硝酸-硝酸银溶液测氯法。检测锈蚀层中是否含有氯化物非常重要，因为氯化物会使已经锈蚀的铁器继续发生反应。器物表面如有氯化物，在潮湿的环境下，就会渗出棕色水珠。也可以先将器物浸泡在加热后的蒸馏水中，取出浸泡液，加几滴 2 mol/L 的硝酸溶液，均匀摇动使之酸化，再加入几滴 0.1 mol/L

的硝酸银溶液，若有白色絮状物沉淀出现，则说明含有氯化物。如果硝酸银的加入量大于2 ml仍然没有沉淀出现，即可认为锈蚀中不含氯化物。

（3）强制干燥

铁锈本身容易吸潮，出土后的铁器必须及时干燥，以防止铁器在空气中继续腐蚀。干燥处理方法有三种。

①高温干燥。在恒温干燥器中，用105 ℃的温度干燥铁器2小时左右。这种方法简便易行。

②紫外线干燥。在105 ℃温度下用紫外线灯干燥。如果铁器有木质、纤维等附着物，温度应设为40~60 ℃，慢慢干燥，以免损伤附着物。

③用物理、化学的方式吸附，使之干燥。在密封的容器内放入铁器，用变色硅胶吸水。虽然这样处理时间很长，但安全可靠，对铁器无损害，变色硅胶可以重复使用。

2.铁器文物的除锈

①机械除锈法。先用刀子、凿子、锤子、剔针、钢丝刷等金属工具剔、凿、拨、挑、锤、震去除铁器表面较厚的锈层和锈块。对于较硬的锈层可以用煤油和石蜡调成的糊状物，涂敷在腐蚀铁器的表面软化铁层，然后剔除。

②试剂除锈法。包含弱酸溶液除锈、碱性溶液除锈、水洗法等。

③等离子体除锈法。20世纪90年代，德国采用了最先进的等离子体除锈机，用以去除古铁锈，其原理是将铁的氧化物和氯化物还原成铁。所谓等离子体就是气体在电离后会产生数量相等、电荷相反的离子和电子，这两种离子既相互吸引又相互排斥，存在于一个等离子的统一体中。等离子体呈电中性。在等离子体除锈机中，供气系统释放出氢气等离子体后，就可除去铁锈。用等离子体机处理铁器，能保留器物原始表面上原有的甚至用手工方法也无法保留下来的痕迹和图案。等离子体除锈法还不会引起器物结构上的变化。

④电化学去锈法。包括电化学还原法和电解还原法。电化学还原法是将锌皮或铝皮包在铁器的表面，置于10%的氢氧化钠溶液中，并适当加热以加速反应，直到没有气体逸出为止，取出器物用蒸馏水冲洗干净，除去残渣，如此反

复。由于在反应中会有大量的刺激性气体产生，所以此法一定要在通风橱中进行。电解还原法就是把被处理的铁器作为阴极，把不锈钢作为阳极，以10%的氢氧化钠为电解液，通入直流电，控制电压和电流强度进行除锈。

⑤激光除锈法。激光除锈的原理：物体表面污染物吸收激光能量后，或汽化，或瞬间受热膨胀而克服表面对粒子的吸附力，使其脱离物体表面，进而达到清洗的目的。激光除锈大致包括激光汽化分解、激光剥离、污物粒子热膨胀、基体表面振动和粒子振动四个方面。国内外研究表明，波长为1 064 nm、能量为10 J、脉宽小于20 μs的激光能有效清除金属制品污物、锈蚀物等，且具有高度可控性和选择性。

3.铁器文物的缓蚀封护

出土的铁器文物在干燥后，经检测没有有害锈的情况下，即可使用缓蚀剂来进行缓蚀处理。存在有害锈的，先进行除锈处理，然后再进行缓蚀封护。

铁器缓蚀处理是指采用化学方法在铁器表面形成一层致密的保护膜，以隔绝有害气体及霉菌、灰尘等污染源，同时这层保护膜不能影响文物的质感和外观。这层膜又叫钝化膜，铁器表面生成完整的钝化膜的过程叫作钝化过程。铁器缓蚀剂要求无色透明、涂层要薄、耐气候性和老化性要好、有较强的附着力、对人体和环境无公害等。铁器缓蚀处理的主要方法有复方缓蚀剂保护法、磷酸盐保护法、鞣酸盐保护法、硅酸盐保护法、表面封护法等。

4.铁器文物的加固与粘接

脆弱的铁器强度小，这不利于铁器的保存和展出，可用合成树脂来渗透加固，如用30%～40%的丙烯酸酯类乳液浸渗，通常采用降压渗透法（10～20 mm汞柱）。若树脂浓度较高，器物表面可能会留下光泽，这时可在器物表面裱上吸水能力很强的美浓和纸或滤纸，纸层可以吸附器物表面多余的树脂而不在器物表面留下光泽，可以保持艺术品的原有风貌。

破碎成碎块的铁器需要整形时，可用黏合剂（如硝基纤维素、环氧树脂等）拼对粘接。整形时，常在一细砂箱中进行，以便使各个残片按照需要的角度保持其形貌，待黏合剂干燥后粘接即可。腐蚀较轻的残片还可用软焊锡焊接。

二、金银器文物的保护技术

金银器文物有的纯度很高,但也有的是以合金形式出现的,因而性能也各不相同。对于金银器文物的保护应区别对待。

(一)金器文物的保护方法

金在自然界中以游离单质状态存在。纯金为黄色,光彩夺目,硬度低,相对密度高,质地细密柔软,晶体结构为面心立方。在所有金属中,金的延展性和可塑性是最好的。金的熔点固定,熔化温度为1 063 ℃,在熔化时不会被氧化物污染,也不会改变自己的凝固点。金的这种物理性质使它的纯度能达到99.99%。

金的化学性质非常稳定,不产生电化学腐蚀和微生物腐蚀现象,有的纯金器物,虽然在地下埋藏千余年,只是受泥土挤压而变形,仍呈鲜黄色,不需要特别的除锈和保护。对于合金来说,情形就不一样了。金的合金中含一定比例的银、铁等金属,其硬度、色泽等与纯金有不同程度的差别,因此金的合金是容易腐蚀的。

1.纯金文物的保护方法

发掘出土的纯金器物,质地很柔软,通常与泥垢、石英和沙砾等结合在一起,金质并没有被腐蚀。但器物表面往往覆有红色锈,这是由于地下铁被氧化或者埋藏地点附近铁器被氧化,很容易清除。

①去除金器表面石灰质沉积物,可用一根棉签蘸5%的稀硝酸溶液进行局部涂布来去除。

②去除金器表面有机类的污垢,可用2%的氢氧化钠溶液浸泡几分钟,使其软化酥解,再用牙签、软刷或剔刀小心除去。

③去除金器表面灰尘,可用软毛刷刷除,也可用乙醚、苯、中性肥皂液或10%的氨水洗涤,随后用蒸馏水洗净烘干。

2.合金文物的保护方法

古代金器文物中掺少量银、铁等是为了增加金体的硬度和耐磨性，但也改变了金的性能和颜色，有了腐蚀的可能。例如，金-铜合金会出现绿色的铜锈，金-铁合金会出现红色的铁锈。对金的合金制成的文物，应根据渗入金属的种类进行有针对性的处理。常用氨水或者酸类除去绿色的铜锈；用氯化氢去除红色的铁锈。由于金化学性质具有稳定性，酸、碱、盐等溶剂除锈后对金质不会造成损伤。

3.鎏金文物的保护方法

鎏金文物就是指以其他金属和材料为内胎，在其外覆盖一层金质材料的文物。鎏金文物出土和传世的数量是非常多的。对于鎏金文物，胎质比外层更容易腐蚀，所以处理时必须谨慎。尤其不能用还原方法进行处理，因为锈蚀产物的还原金属会覆盖到鎏金文物的表面上，有损器物的外观和价值。

例如，处理损坏的青铜鎏金文物，可以使用碱性酒石酸钾钠溶液来清除锈层。如果鎏金层的腐蚀物夹在中间，就只能用机械方法去除，即在双筒显微镜下，用钢针挑除锈蚀物，当露出鎏金层时，就用1%的稀硝酸对其表面进行清洗，但要谨慎、耐心，防止鎏金层脱落。

保护鎏金文物，稳定胎质是一种必要手段，通常的方法是采用青铜或铁的缓蚀剂来防止胎质的腐蚀病变。也可以使用较稀的高分子材料从边缘的缝隙中灌入，从而加固鎏金层和胎质，起到保护的作用。

（二）银器文物的保护方法

银具有比较好的化学稳定性，但仍然存在着不同程度的腐蚀现象，影响了文物的艺术价值和历史价值。银器的腐蚀与保存环境密切相关。

1.银器的腐蚀物

银器的腐蚀物主要有氯化银、氧化银、硫化银等。

（1）银器的氯化腐蚀

当埋藏在潮湿的含有氯盐的土壤中时，银器的表面会产生氯化银（角银），这是一种泥土状的黏附物，微带褐色或紫色。腐蚀的过程中常伴有器物体积膨胀、强度下降、外形和颜色发生变化等现象。

如果银器氯化不严重，只在表面生成薄薄的氯化银，呈现出的是一种悦目的古斑，会增加器物的艺术魅力。这种古斑就是年代久远的象征，一般不必去除。

（2）银器的氧化腐蚀

银在空气中一般不会氧化，紫外光作为外加能源时，既可促使银离子化，加速银与腐蚀介质的反应，也可分解出氧气分子，产生活化态的氧，活化态的氧和离子化的银一起反应就会形成氧化银。

（3）银器的硫化腐蚀

银在活化态的氧气、臭氧、硫化氢同时存在的情况下，会生成发黑的硫化银，使银器失去光泽而变暗。银器表面上的黑色硫化银薄膜虽然没有可观赏之处，但性质比较稳定，可以减缓银的进一步硫化。如果银的硫化很严重，器物就会变得又黑又脆，银本体便不复存在了。

2.银器的修复

银器的修复主要是为了维持器物的原形，确保银质的稳定性，从而更好地对其进行保护。轻微腐蚀的银器只在表面形成均匀的氯化银或硫化银薄膜，尽管这层薄膜已影响器物的颜色和光泽，但鉴于它的稳定性和保护作用，可以不作处理。有时为了改善外观，使器物的纹饰或铭文清晰可见，需采取措施，将锈蚀物去除。从颜色上就可以判断锈蚀物的种类，从而确定不同的处理方法。

（1）去除氯化银和硫化银

①擦洗法。可将白垩粉加水调成糊状，用以去除银器上的氯化物，或者用酒精溶液（加几滴氨水）擦洗；一般可用牙膏等磨料擦除银器上的硫化物，也可用稀的硫代硫酸钠溶液擦洗。

②化学还原法。将银器和铝皮或锌粉一起浸泡在5%的氢氧化钠溶液或碳

酸钠溶液中，使其发生电化学反应，将银还原出来。待银器恢复到银白色后取出，用清水清洗，然后用纱布或滤纸将水吸干。

（2）去除氧化银

银器在空气中氧化变暗，主要是因为银器表面生成氧化银薄膜。可先将银器放入20%～30%的双氧水中，浸泡5～10分钟，此时银器表面会产生大量的气泡，对此可用清水清洗2～3次，然后用纱布或滤纸将水吸干。再将器物放入浓硫酸中浸泡3～5分钟，使表面活性银微粒膜溶解，取出后用大量的清水洗净，并用纱布或滤纸将水吸干。

（3）提高银器的韧性和强度

对于机械强度很低的脆性银器可用加温的方法来提高其韧性和强度。但要注意，温度过高，可能会加重器物的损毁程度。为安全起见，宁可温度低些，处理的时间长些。将器物置于烘箱中，在两个小时内，温度从250℃逐渐上升到400℃左右，并保持一段时间就可达到目的。

（三）金银器的库房保存条件

1. 密闭保存

保存在库房中的金银器，可用柔软的薄绵纸包裹好，在外层再包一层可以吸附空气中的硫化氢的包装纸（这是一种浸有铜化合物、叶绿素等化学试剂的软纸），然后存放于密封的聚乙烯袋子里或者是密闭的玻璃匣内。这样还可以防止金银器受到紫外线的照射。

2. 稳定保管环境

金银器文物一般要在恒温环境下保存，温度较低为好，湿度控制在50%以下。为了保持金银器文物的艳丽色彩，常用丝绸擦拭。器物不要受到碰撞或挤压，以免发生机械损伤。

三、锡铅器文物的保护技术

（一）锡器的保护技术

自然界中没有游离态的锡存在，锡主要是以氧化物矿石——锡石矿的状态存在。由于锡的熔点（231 ℃）比铜（1 083 ℃）低得多，所以用木炭从锡石矿中冶炼出锡比冶炼出铜更为容易。

游离状态的锡是灰白色的柔软金属，具有很显著的晶体构造。通常条件下锡有两种变体：白锡和灰锡。白锡在 13.2 ℃以上是稳定的，在 13.2 ℃以下，就变成了灰锡。锡是最软的金属之一，锡的可塑性比铜、金、银都小，但是仍然可以制成锡箔，拉成细丝却相当困难。

1.锡器的腐蚀

（1）"锡疫"现象

许多古代的有历史文化价值的锡器没有保存下来，据研究，其主要原因是发生了"锡疫"现象。用于制造锡器的白锡对温度非常敏感，当温度低于 13.2 ℃时会逐渐发生相变，缓慢变成质地非常脆弱的灰锡，锡由银白色变成灰色，器物的体积增大，外貌发生变化，机械性能下降，易散碎，最后变成粉末状。因此，锡器在保存时，温度绝不能低于 18 ℃，以防发生"锡疫"现象。在锡中附加 0.5%的铋可以防止发生"锡疫"现象。

（2）锡的腐蚀物

出土的锡器，由于长期埋于潮湿的地下，表面一般会失去光泽，生成一层粗粒状、暗灰色的氧化亚锡。如果继续腐蚀，则进一步转化为白色的氧化锡。锡器内若有铜成分，其锈层上还会有绿色（碱式碳酸铜、碱式氯化铜）和红色（氧化亚铜）的铜锈。

2.锡器的保护方法

（1）还原法

对于轻微锈蚀的锡器可采用电化学还原法或者电解还原法进行处理，常把氢氧化钠溶液作为电解质溶液，锌、铅或镁作为阳极。但器物上有铭文或纹饰时，处理要极为慎重，不宜采用电化学还原法，而是用锌粉、氢氧化钠进行局部还原处理。对于"锡疫"现象较为严重的锡器，可先将其放在热水中处理1小时左右，再采用还原法进行处理。

（2）嵌埋法

长期埋藏在地下的合金锡器局部会受到盐类的腐蚀，器物的表面出现肿胀的锈蚀物。锈蚀物如果呈硬皮状，说明锡器还处在相对稳定的时期，此时锈蚀物不宜剔除。脆弱的锡制品可以使用嵌埋法保存，即将锡器嵌埋在甲基丙烯酸酯类的树脂里，以隔绝空气中的有害成分。锡器需要取出时，可将器物浸泡在四氯化碳有机溶剂中，将树脂逐渐溶胀除去。

（3）密闭法

锡器质地柔软，要尽量避免机械碰撞或挤压，一般要放在特制的布套或盒子里。

（二）铅器的保护技术

如同锡一样，自然界中没有游离态的铅存在，铅主要是以各种形态的化合物存在的，如铅矿石，将铅矿石放在柴堆上烧烤，熔化的液态铅冷却后就能形成一块宽而薄的铅板。

1.铅器的腐蚀

铅器在潮湿空气中表面氧化得很快，会形成一层氧化膜。这种膜致密性较好，可防止铅器继续氧化，对铅器具有一定的保护作用。而出土的铅器，长时间受到各种盐类、地下水中的氧气和二氧化碳等的腐蚀，形成一层白色锈壳。锈壳的自身膨胀会影响器物的原貌，应当除去。铅器还容易被有机酸（如乙酸、鞣酸等）和油脂等物质污染而产生腐蚀现象。

2.铅器的保护方法

（1）盐酸-乙酸铵除铅锈

先将器物浸泡在50倍于自身体积的1.2 mol/L的稀盐酸中，直到不再有气泡出现为止。将器物取出，滤干酸液，用大量的煮沸蒸馏水清洗除酸，反复洗涤三次。然后再将器物浸泡在25倍于自身体积的1.2 mol/L的乙酸铵中，直至铅器表面无锈蚀物为止，用大量的蒸馏水清洗铅器表面残存的溶液。最后在常温下阴干，也可用酒精或丙酮浸泡过后晾干。

（2）离子交换树脂除锈

一些小型的铅币、铅章等文物，可与离子交换树脂放在一起，互相接触，并将它们浸泡在温热的蒸馏水中，更换多次树脂后，铅锈消失，铅本体不受影响。

（3）封护

对一些有文物价值的铅器，可将其浸泡在石蜡溶液中，进行表面封护。

（4）密闭保存

铅器应保存在密闭的盒子或封套中，减少与氧气、水蒸气、灰尘、有机酸、油脂、空气污染物等的接触。脆弱的铅器也可使用嵌埋法保存，效果很好。但铅器不能放在橡木制的橱柜或抽屉中，因为橡木分泌的鞣酸会腐蚀铅器，应选用其他木材。

第四节　纸质与纺织品文物保护技术

一、纸质文物的保护技术

纸的发明是我国劳动人民智慧的结晶和创造，在纸张出现以前，人类文化的记录和传播都是十分局限和困难的，纸张作为文字的主要载体材料，其统治地位至今不衰。

自西汉以来，各地遗留和保存了大量的纸质历史文献资料和图书档案等。迄今发现的早期纸质文物，有汉代的古纸残片、魏晋的纸质文书、唐代的敦煌遗书等。千余年来留存下来的数量浩繁的书画作品也是纸质文物中的瑰宝。

纸质文物一般是指以纸张为载体材料的图书、法书、绘画、档案、文献、经卷、碑帖等形式的历史遗存物，是图书馆、档案馆和博物馆的主要收藏品。

（一）温度、湿度控制

在纸质文物的保护工作中，控制库房的温度和湿度是最关键的措施。温度和湿度是直接作用于纸质文物的两个普遍因素，而且是互相关联的两个因素。实验表明，温度和湿度对纸张耐久性的综合作用效果好过单因子独立作用的效果，表现为协同效应。纸张寿命在温度 15 ℃、相对湿度 10%的保管条件下比在温度 25 ℃、相对湿度 50%的条件下增加 20 倍左右。

纸质文物的库房温湿度要求：冬天室内温度保持在 12~18 ℃，夏天不超过 25 ℃；相对湿度保持在 50%~65%。24 小时内温度的变化不应超过 2~5 ℃，湿度变化不应超过 3%~5%。

1.防热

室外的热源能量会以辐射热、对流热、导热等形式传入库内，最好的隔热措施是利用导热系数小、热阻大的建筑材料。此外，还可采取加大墙体厚度、密闭门窗、使用遮阳板等防热措施。空调是保证文物库房符合气候保护要求的理想设备，降温效果良好。

2.防潮

库内潮湿的原因主要有地下水通过地面和墙体向内蒸发、雨水通过外围结构向内渗透、潮湿空气通过门窗缝隙浸入库内等。最好的防潮措施是在外围结构层中使用结构紧密、能防止水分渗透的防水材料。此外，还要注意库房建筑自身的排水性能和防潮效果。库房内使用去湿机，可使空气中的水蒸气降温、液化。冷冻去湿机一般具有不需要冷却水源、使用方便、性能稳定可靠、能连续运行等优点。

（二）杀虫

1.高温、低温杀虫法

环境温度对纸质文物库房中滋生的害虫的新陈代谢活动影响很大，温度既可以加速或减缓害虫新陈代谢的速度，也可以使害虫新陈代谢完全停止，直至死亡。

（1）高温法

40~45 ℃为昆虫生长的亚致死高温区，又称热休克区。昆虫生活在这一温度区域内，持续数天，就会因代谢失调而死亡。

（2）低温法

−10~8 ℃为昆虫生长的亚致死低温区，又称冷昏迷区。昆虫生活在这一温度区域内，持续数天，就会因代谢速度变慢、生理功能失调、体液冰冻和结晶、原生质遭到机械损伤而死亡。

2.γ射线辐照杀虫

γ射线是一种波长极短、能量较高的电磁波，对生命细胞的穿透力较强，对各种昆虫（微生物）均有杀伤作用。

3. 气调杀虫

空气是昆虫重要的生态因子,缺少氧气,昆虫便不能正常生长、发育、繁殖。在密闭的条件下,将空气中各种气体的正常比例加以调整,减少氧气,充入氮气或二氧化碳,使昆虫窒息而死。

4. 化学熏蒸杀虫

在密闭条件下,使化学熏蒸剂以毒气分子的状态穿透到生物体内,以达到毒杀害虫的目的。目前,常用的熏蒸剂为磷化铝片剂,其释放出来的磷化氢气体主要作用于昆虫的神经系统,使昆虫死亡,对成虫和幼虫均有较好的效果。

(三) 防光

纸质文物最怕长时间被光照射,尤其是紫外线,其对纸张有很强的破坏作用。波长为 290~400 nm 的紫外线是引发纸张材料发生光化学反应的主要因素,所以库房防光主要是防紫外线。

一般纸质库房的照度(物体表面得到的光通量与被照射表面的面积之比)为 30~50 lx,库内所用照明灯光不要过于明亮。

窗户是日光进入库内的主要通道,对窗户的位置、结构、玻璃、遮阳设备都应有合理的安排。也可在窗户玻璃上涂紫外线吸收剂,如二羟基二苯甲酮类紫外线吸收剂可吸收 400 nm 以下的紫外线,KH-1 型涂料对紫外线的滤光率可达 99%。

二、纺织品文物的保护技术

(一) 纺织品文物出土时的注意事项

纺织品文物的来源主要有两类:一类是传世珍品,如故宫博物院收藏的御用龙袍、锦被、地毯等,由于所处的温、湿度条件相对稳定,较少暴露在强光下，因此织品的老化速度较缓慢；另一类是出土织品，中国西北部地区埋藏环境干燥、密闭条件好，出土的织品基本保持古代原貌，易于提取，但污物泥垢仍要暂时保留，对叠压成块状的织品要整体提取。

如果埋藏环境温度高、湿度大，土壤里的酸碱物质对织品的腐蚀就会严重，导致纺织纤维的结构和染料的化学性质发生改变，进而导致纺织品变得酥脆，甚至矿化、腐烂。在此种情况下，从地下取出纺织品时要掌握时机，防止织物因急剧干燥而变得更脆弱。具体方法：在织品尚潮湿的情况下，于其表面敷贴棉纸，依靠棉纸的强度将纺织品取出。如织品已腐烂成团，整体取出后，放置在衬有棉纸的木板上，再覆盖棉纸，装入塑料袋中密闭，带回实验室进行揭取、清洗、灭菌、固定等保护技术处理。

出土之后，纺织品所处环境的温度、湿度升高，加之见光、遇氧，会迅速发生各种变化。在考古现场经常遇到这样的情况：刚打开棺盖不久，那些质地优美、色彩艳丽的织物就会变得面目全非，不仅失去色泽，连材料也会迅速碳化。所以，有经验的考古人员在发掘出织品后会及时将其置于低温环境中，并立即进行避光保存。例如，法门寺唐代地宫的发现震惊了世界，该地宫内珍藏了大量御用的丝绸文物。由于没有良好的保护技术和条件，这些国宝至今仍放在冰箱里低温、密闭、避光保存。

（二）除污

出土的纺织品文物不可避免地附有大量泥土杂质，去除这部分杂质是对纺织品文物进行保护的首要步骤。

1.除尘

大多数陈年纺织品上面都附有大量灰尘，可使用洗耳球轻轻从中间向四周吹去微尘。大一些的杂质可用镊子小心钳去，镊子要尽可能拿平稳，动作要轻，因金属尖头极易碰伤纺织品的表面纤维。

2.除泥垢

出土的纺织品文物大多附有难以去除的泥垢，可用酒精将其溶解，黏土和酒精都是极性分子，容易相互溶解。用小羊毫毛笔蘸75%酒精溶解泥垢，露出织品以后，羊毫笔尖要向同一个方向移动，否则会使泥浆嵌入织品的纹理中，造成织品图案模糊不清，从而影响观赏效果。

（三）消毒

出土的纺织品文物，尤其是随葬品，有些在入葬时就已沾染病毒、细菌，埋葬后又受到地下各种微生物的侵蚀，所以纺织品文物出土后一般要先进行消毒，一方面能避免人体感染病毒和有害菌；另一方面也可以消除或减轻有害微生物对出土纺织品文物的进一步伤害。一般采用的方法是在取出纺织品文物后，立即将其放入准备好的复合塑料袋中，通入配好的环氧乙烷与二氧化碳的混合气体（环氧乙烷与二氧化碳的重量比为1∶9），然后把塑料袋封好，放置24小时后取出。也可将出土的大批纺织文物集中放入密封熏蒸室，然后通入环氧乙烷与二氧化碳的混合气体，密闭12～24小时后取出。

环氧乙烷杀虫灭菌效果好，对细菌及其芽孢、病毒、真菌及其孢子等都有较强的杀伤力，对纺织纤维无腐蚀作用，也不会使染料褪色。它有很强的穿透力，不仅对纺织品表面的微生物和害虫有杀灭效果，还能穿透到纺织品内部。环氧乙烷灭菌机制是其烷基能与菌体蛋白质内的氨基、羟基、酚基、巯基结合，对菌体细胞代谢产生不可逆的破坏作用。

（四）清洗

1.清洗前试验

对有色织物进行清洗前，必须进行局部点滴掉色试验，以判断水或其他溶剂对色素的溶解程度。其方法是在有颜色的次要部位滴上一滴试验溶剂，湿润1分钟后，用棉球或吸湿纸擦拭，若发生颜色转移（这种现象称为"流淌"），则表明这种溶剂能使织物掉色，应改用其他溶剂。也可以用 5%氯化钠溶液或 2%～5%的醋酸溶液先进行颜色固定，必要时可以增大醋酸浓度，最高可达 20%。然后再做点滴试验，经固色后若无流淌现象，方可使用此种溶剂。

蛋白质纤维对碱性溶液很敏感，而植物纤维对酸性溶液很敏感，水洗过程中一般不加入其他化学试剂，有时为了固定颜色可采用氯化钠溶液。在水洗过程中，必要时应加入表面活性剂，一般以非离子表面活性剂为好，有时也可加入阳离子活性剂。

2.水洗

出土织物在自然界的综合腐蚀作用下，纤维已变得非常脆弱。由于纤维的抗拉强度、耐折度都很小，再加上黏结成团，织物必须用大量的水才能清洗干净，但又不能直接放入水中清洗，可用托网和斜面平台托着织物，避免织物进一步损坏。

3.干洗

不能水洗的织物可换用有机溶剂清洗（同样需做掉色试验），常用的有机溶剂有丙酮、石油醚、四氯乙烯、四氯化碳等，也可采用几种有机溶剂的混合液清洗。无论用何种方法清洗污垢，一般不得采用烘晒的方法，而应将织物置于通风阴凉处晾干，以避免古代织物的热氧老化或光氧老化。

（五）加固

1.丝网加固

所谓丝网加固，就是将涂有树脂胶黏剂的蚕丝网，热压覆盖在织物上，从而对破损织物起到加固作用。丝网亮而透明、薄而轻、手感好，加固后对织物的原始纹理及图案影响不大。具体方法：先将丝网平铺在毛毡上，然后把织物放在丝网上，再在织物上铺上一层丝网，形成一种三明治结构，最后将织物和丝网一体物放在两张聚四氟乙烯薄膜中，稍用力有顺序地移动可调温电熨斗（温度设在 80 ℃左右），将丝网与织物紧密地粘在一起。丝网加固实际上是一种改进的树脂热加膜法——在热塑性树脂薄膜中，压粘有丝网。在此，树脂不只是黏合剂，更是主要的成膜物质，与一般树脂膜相比，它不是密膜，而是网状膜。由于蚕丝的理化性能比植物纤维素差，是一种不耐久的天然纤维材料，如今国内外多采用合成纤维来对织物进行加固。

2.高分子化合物渗透加固

高分子化合物渗透加固是用浸润、喷雾或软毛笔蘸溶液涂刷等方法，将某些高分子材料涂布于织物表面，使其逐渐渗入织物纤维内部，以达到增加织物强度的一种方法。

（1）高分子加固剂种类

聚烯烃及其缩醛类：聚乙烯、聚乙烯醇缩丁醛等。丙烯酸酯类：聚甲基丙烯酸甲酯、聚甲基丙烯酸丁酯、丙烯酸丁酯等。纤维素类：乙基纤维素、羧甲基纤维素、醋酸纤维素、羟丙基甲基纤维素等。除此之外，还有聚酯类加固剂。

在上述加固材料中，以聚甲基丙烯酸丁酯和羟丙基甲基纤维素性能较为优良。丙烯酸酯类具有透明性好、耐热、耐光和耐氧化降解的特性，而且通过调整丙烯酸及其共聚单体的种类、比例、聚合物的分子量以及聚合工艺等一系列措施，可制得性能优良和应用范围非常广泛的高分子材料。聚丙烯酸酯类纺织品加固剂能够形成柔软且富有弹性的薄膜，聚合物中的酯基具有相当强的氢键结合力，对织物产生一定的黏附性，使其能固化在纺织品上。

（2）有机硅高分子加固剂

某些高分子加固剂有其难以克服的弊端，如低分子量聚乙烯醇会使纺织品颜色加深、发黏、吸湿性增强，易于吸尘或粘上其他污物。用聚乙烯醇或聚乙烯醇缩丁醛处理后的织物发硬，老化后坚硬、开裂的加固剂边缘比较锋利，会摩擦损伤织物。

近年来，常采用一种有机硅改性的丙烯酸树脂加固糟朽丝织品。有机硅改性的丙烯酸树脂材料具有良好的理化性能，在一定程度上减少了加固剂对织物的不利影响。通过向丙烯酸酯乳液中引入有机硅的方法而制得的有机硅改性丙烯酸酯乳液又称为硅丙乳液，其耐候性远优于纯丙烯酸树脂。其中，有机硅起到改性丙烯酸酯的作用，能提高其耐沾污、耐老化和耐水性能。中国建筑科学研究院有限公司硅丙涂料研究室合成了一种适用于丝织品、保护代号为 SA-6 的硅丙乳液，经加固丝绸老化实验，丝织品的强度较之前增加一倍以上，色泽、手感都比较好，且具有较优的耐热性和耐霉性。

3.接枝加固

接枝加固是利用接枝反应来增强文物材料强度的一种方法。接枝反应的研究始于 20 世纪五六十年代，其反应机理一般认为是自由基链式加聚反应。在加热条件下，引发剂分解，产生初级自由基，进而引发单体形成自由基，然后与丝素大分子发生接枝共聚反应。通过接枝反应，一方面能将改善材料性能的分子或基团结合到丝纤维上，另一方面能使线状纤维彼此间发生关联，增加织品的强度。

丝织文物丙烯酰胺接枝加固以丙烯酰胺为丝纤维的接枝单体，以过硫酸铵为引发剂，按浴比 1∶50 配制反应液，将丝织品放入恒温水浴锅中，将水温升至 70~75 ℃，加入引发剂（过硫酸铵），恒温反应 120 分钟左右，然后用温水清洗，漂净后置于通风干燥处晾干。

4.丝胶加固

生丝主要由丝素和丝胶组成，丝胶是丝素的保护物质，具有黏合和维持丝素强度的功能。据测定，一般桑蚕茧中的丝胶含量占生丝总量的 20%~30%。可从生丝中提取丝胶，利用其黏合特性加固糟朽纺织品文物，此种加固方式既可增强颜料的附着力，又可增加织物的强度。

具体方法：将未脱胶的生丝洗净，放入烧杯加入蒸馏水，用水浴法加热，温度控制在 90~100 ℃，数小时后，外层丝胶溶解，加入 30%乙醇蒸馏水液体，配制成丝胶含量为 1%~1.5%的混合液。将混合液装入手捏式喷枪，均匀喷涂织物表面。喷涂时要使混合液保持一定的温度，以防丝胶冷凝。

我国曾用丝胶加固法对马王堆汉墓出土的一幅完整的金银色火焰纹印花纱进行保护处理，取得较好效果。该织物褶皱多，质地强度下降，表面色彩脱落严重。方法是首先理平褶皱，将织物平展于铺垫棉布的工作台上，用干净的滤纸吸水后轻轻置于褶皱处，待织物湿润后揭去滤纸，理平褶皱；个别难于理平的大褶皱，用包覆纸张的熨斗熨平，温度控制在 80 ℃左右。然后用 1%丝胶液均匀喷涂织物两面数次。织物晾干后两面衬垫中性纸，用 2 mm 厚的有机玻璃平压。

第六章 文物的数字化保护

随着我国科学技术的不断发展,信息技术数字管理逐渐融入人们生活的方方面面。在文物的保护工作中,相关工作人员要以博物馆学知识为理论基础,在传统的文物保护模式上做出更新与转变,采用数字化保护方式,紧跟时代潮流,顺应社会变化,只有这样,才能更好地体现文物的价值。

第一节 文物数字化保护概况

2018年巴西国家博物馆火灾和2019年法国巴黎圣母院火灾,给全世界的文物安全工作敲响了警钟。在竭尽所能地做好文物保护工作的同时,如何实现对文物的保护和永续利用,是摆在我们面前的严峻问题。

随着现代科技的飞速发展,3D计算机图形、高分辨率渲染、人工智能、3D打印等数字技术日渐成熟,为文物保护修复提供了更多技术层面的支持和选择。文物数字化保护是指利用计算机、数字成像和虚拟现实等技术手段,对文物进行数字化模拟、虚拟展示、仿真评估、档案管理等综合处理和保护的一种方法。早在发生火灾前,法国巴黎圣母院就曾耗费数年的时间,利用激光扫描技术,收集了超过10亿个数据点,精确地记录了巴黎圣母院的全貌,为最大限度地重建、还原巴黎圣母院提供了可能——至少后人可以在虚拟世界里一睹这座雄伟美丽的建筑曾经的模样。文物信息资源数字化和数字化保护是"再现"博物馆那些被毁文物的有效手段,起到了容灾备份(也称"备胎"计划)

的作用，是保护文物的最后一道屏障。

目前，数字化技术已普遍应用于博物馆的各个领域。然而，传统博物馆在信息技术推广应用方面普遍能力较差，大多数博物馆缺乏数字化保护方面的专业技术人员，这导致承担文物数字化保护工作的多为跨行业、跨领域的电子信息或互联网企业，它们在文物保护和陈列展示设计等方面缺乏经验，欠缺研究、发掘文物价值的能力，因此在制定文物数字化保护路线时，工作的重点主要放在了数字化传播、数字化教育、数字化服务等数字化应用方面，在文物数字化信息获取的精准度方面，更关注具有视觉冲击效果的 3D 投影、AR、VR、透明屏、AI 等酷炫的技术，往往把数字化保护项目做成了数字化展示项目，本末倒置，在一定程度上造成了资源的浪费。

博物馆的基础是文物，同样的道理，数字化保护的基础应是精准采集文物的基础数据，所有的数字化演示、传播，应建立在基础数据之上，采集整理的文物基础数据的精准度，直接关系到今后的应用效果和质量。由于我们以往重点关注数据的演示和传播，因而部分信息被信息技术人员忽略，他们采集的数据是一些仅能用于展示的"低模"数据，这些数据用于陈列展示和信息传播没有多大问题，但无法满足文物保护、修复、研究等方面的高精度、高准确度要求。因此，我们会发现一个奇怪的现象：博物馆的同一件文物数据会被反复采集。要做到"一次采集，终身受益"，除了努力提高数据采集的精准度，别无他法。

第二节　3D 数据中的低模与高模

文物 3D 数字化信息采集是文物数字化管理、数字化保护、数字化展示和数字化传播等一切新技术应用的起点,是一项非常重要的基础性工作。信息采集不仅应满足文物展示的需要,还应满足文物保护的需要,满足修复技术、修复材料研究以及文物复制、文创产品开发的需要。文物 3D 数字化信息采集是抵御随时可能发生的自然灾害或人为灾害的重要手段,数据精准性是三维采集工作的重点,是构建可用于 3D 打印的精细化数字模型的质量保障。

这里就引申出一个问题,即构建什么精度的模型才能终身受益?才能成为文物的"备胎"?

从文物信息采集到成果输出,文物数字化保护的技术质量标准须达到测量记录的最高标准,构建的文物数字模型必须能用于文物高清三维数字化复原及辅助修复和 3D 打印复制等,因此必须构建高精度的数字模型,即高模。从文物信息采集到成果输出,文物数字模型应顺畅地用于 PC 端及社交平台文物的 3D 展示,文物的物理细节信息被大量抹去,因此只需要构建低精度的数字模型,即低模。

高模保存了文物真实、翔实的三维模型数据,可用于藏品管理系统数据存储备份和文物的数字化保护、研究等。其优点是细节丰富、尺寸精准、颜色信息多,缺点是文件大,对处理设备要求高。构建高模所需的数据需通过高精度激光扫描,近景测量,以及高精度结构光扫描等方式获取。其尺寸精度普遍要求不大于 0.01 mm,分辨率在 0.01 mm 以下,模型面数不少于 100 万面,如附带色彩纹理贴图,分辨率为 4K 或以上。

低模主要用于多平台顺畅展示,其优点是文件小,对处理设备要求低(如手机、平板、低配置电脑等),但缺点是 90%以上的文物物理细节信息需要被抹去。构建低模所需数据需通过一般激光扫描、近景测量,以及普通结构光扫描等方式获取。其普遍要求精度不大于 0.1 mm,分辨率在 1 mm 以上,模型面数在 5 万面~30 万面，如附带纹理贴图，分辨率在 4K 以下。

因此，高模和低模的技术要求显然不在一个量级上。高模可以经过后期制作，转化成低模，而低模不可逆向转化为高模。博物馆行业正在制定的馆藏文物三维数据采集技术相关的标准中，扫描精度误差为≤0.2 mm。很明显，这对扫描精度误差的要求太低，导致白模细节缺失较多，纹饰细部丢失严重，不能满足文物复制、3D 打印要求；采用这种精度要求采集出来的数据，很显然只能构建低模。而《中华民族文化基因库数据采集标准（试用稿）》，对数据采集的要求比博物馆行业正在制定的标准要高一个台阶，但根据这样一个标准采集出来的数据，也不能构建出真正意义上的高模，或者说按照这个操作标准采集出来的三维数据，最多只能构建出介于低模和高模之间的"中模"。

数字化保护与数字化展示在文物信息采集方面的技术要求和质量标准存在巨大差异。

采集设备不同：不是一种设备就能达到采集要求。文物的材质不同、反光度不同、纹理深度不同，决定了其不能用一种设备完成数据采集。因此需要多类型的设备扫描建模，利用多模融合技术才能将其整合成一个可用于文物保护和研究的高模。

建模精度要求不同：建模精度有低模和高模之分。高模减面可以变成低模，而低模却不能通过增面变成高模。这就像我们日常使用的相机，用手机或卡片机拍摄的图片平日里看着没有什么区别，但和专业相机拍摄的图片肯定是不一样的。很显然，专业相机拍摄的图片，经过压缩、裁剪后，能变为普通的图片，而卡片机拍摄的图片的质量却永远也不可能达到专业相机拍摄的图像的质量。由于照相技术已经普及了上百年，大家都知道这个道理，然而，很多人并不了解 3D 数据采集设备的情况，更不清楚后期数据建模的要求，往往看见灯光布置炫目，摄影箱、高级相机都用上了，甚至 4K、8K 等摄像机也用上了，就感觉应该没有问题；对显示屏上演示的效果也感觉不错，但恰恰忘记了木桶效应——其中的一个短板，就决定了数字信息采集的精度不会高。

建模用途不同：低模具有多平台展示性，用于 PC 端及社交平台文物的 3D 展示；高模具有复用性，用于文物高清三维数字化复原及辅助修复或 3D 打印；输出文件数据的大小也不同，用作低模展示的为 3～10 MB；而高模数据往往有 300～500 MB。另外，在管理要求和架构设计方面二者也存在着本质的不同，建立集运营管理于一体的高效运行的文物保护数字化管理系统，实现文物保护全过程的管理，让文物"活"起来而不仅仅是"动"起来，这才是文物数字化保护的核心。

以数字化技术为基础，集合人工智能图形分割算法、多模态影像融合、3D 数据传输优化技术，并结合 3D 打印技术，对甄选出的馆藏珍贵文物进行精准的数字化采集，构建可用于陈列展示、文物保护及 3D 打印的精细化模型，是建设数字博物馆的基础，也是我们数字化信息采集追求的质量目标。因此，在采集文物数字化信息时，更应注重精准还原文物的每一个细节，采集时应当秉承"就高不就低"的原则，做"加法"不做"减法"，做到"一次采集，终身受益"，避免重复采集造成资源浪费。

第三节 多模态影像融合技术

前述如此高的精度要求，一般的三维数据采集和后期处理技术很难达到，这就需要运用多模态影像融合技术。

多模融合技术是多模态影像融合技术的简称，它是以数字化技术为基础，集合人工智能图形分割算法、3D 数据传输优化等技术，对精准采集的文物数字化信息进行多模态影像融合的技术。例如，医疗上常用到的 CT（电子计算机断层扫描）、MRI（磁共振成像）、B 型超声等，每种设备各具优势，各自输出图片和诊断数据，将这些通过多种方式采集的图片和诊断数据同时合成在一个可视的三维模型中，可帮助医生更直观地进行诊断和治疗，这种技术在医学上也刚刚被突破并应用于临床实践。

目前，国内博物馆界 3D 数据采集普遍采用的方式是贴图法。首先，使用激光扫描仪进行 3D 数据扫描建模，精度一般设定为≤0.3 mm，有的部分扫描采集还使用贴点、喷粉等方法获取三维图像，对布光也有较高要求；然后，采用数码相机拍摄 6～8 张彩色图片；后期处理先建一个模型，再将图片贴上去，这样，一件文物的三维模型就完成了。采用这种方式，采集、处理的速度快，可以满足一般网络平台鉴赏、陈列演示的需要。但细节丢失严重，拼图接缝明显，变形误差较大，造型复杂（如镂空）的阴暗面的数据采集不到，对部分透明、反光较重的文物，如果不在文物上贴点或喷粉，更是束手无策，如果将贴的图片拿掉，文物就变成了光溜溜的没有细节只有形的裸模，甚至就是一张二维图片。所以，这种低模，不可能成为文物的"备胎"。

多模融合技术本质上是一种复杂的数学计算。运用这种技术构建的三维模型细节精准，不会丢失数据，能真实还原文物的纹理色彩信息，达到浑然一体的效果，完全反映文物的真实面貌，其细部表现，有时候已经超出了人眼识别的范畴，使文物在硬盘里得到"永生"，其数据不但可用于文物保护修复、复制、研究、3D 打印，经过减面，也完全可以满足陈列展示、宣传、网络交互、出版等方面的需要；3D 打印出来的成品的几何尺寸与原文物别无二致。其唯一的缺点就是数据太大了，需处理的时间比较久，一般的电脑难以显示，对存储设备也有很高的要求。

文物上的多模融合就是根据文物的形状、材质及纹理深度，在数据采集时，借助多种扫描设备和技术的优势，用结构光扫描和激光扫描等方式完成对一件文物数字信息的高标准采集，后期将构建的多个数字模型融合在一起，有效规避采集过程中的环境影响，弥补采集设备的短板，准确还原文物的尺寸精度和纹理信息。简单地讲，多模融合后的数字模型尺寸精准，细节丰富，其色彩及纹理是通过"算法"算出来的，而不是用照片贴出来的。目前，文物上的多模融合技术还是一道难题，国内在博物馆从事该项研究的技术人员还没有攻克这道难题，只有极少数医疗机构的部分人员自主研发的软件可以实现。因此，目前国内博物馆 3D 数据采集普遍使用贴图法也是可以理解的。

文物数字化保护，是对文物进行抢救性记录和保全文物全面信息、将文物资源由物质资源向数字资源转化的工作，是永续的文物保护研究和不断挖掘、转化、利用文化资源的基础，也是实现文物资源长久保存并发挥其更大作用的基础性工作。博物馆数字化保护的基础和核心要求，就是确保采集数据的精度和纹理还原的精准度。只使用一种方式构建的模型不能达到精度的要求，用"贴图法"还原纹理信息难以满足精准度的需要。目前，使用多模融合技术是提升文物数据采集精度和纹理还原精准度的最佳途径。

第四节　文物修复中的有限元分析技术

在文物修复中，我们往往并不清楚已经修复的文物强度到底如何，特别是焊接、粘接的部位是否牢固，我们不可能对修复好的文物进行破坏性拉力试验，有的修复后的文物需要在展出中进行悬空吊挂，这对修复后的强度提出了更高的要求。同时，这也涉及文物今后的搬运、存放、展陈方式等安全问题。科学评价所采取的修复技术和使用的修复材料是否安全，很难做到，只能凭"感觉"或"经验"去判断，这一直困扰着从事文物保护与修复工作的技术人员。

要做到既不伤害文物，又能知道修复后粘接部位的强度、受力面在哪里、应力是多少等，甚至筛选出最佳的修复方法和材料，就需要运用数字化技术中的有限元分析技术。

在工业领域，有限元分析技术已广泛使用。有限元是那些集合在一起能够表示实际连续域的离散单元,利用数学近似的方法对真实物理系统(几何和载荷工况)进行模拟,利用简单而又相互作用的元素(即单元),就可以用有限数量的未知量去逼近无限未知量的真实系统,用较简单的问题代替复杂问题并求解,它将求解域看成由许多被称为有限元的小的互连子域组成的,对每一单元假定一个合适的(较简单的)近似解,然后推导求解这个域总的满足条件(如结构的平衡条件),从而得到问题的解。需要说明的是,由于大多数实际问题难以得到准确解,所以这个解不是准确解,而是近似解。有限元分析技术不仅计算精度高,而且能适应各种复杂形状,因而能成为行之有效的工程分析手段。

文物修复上采用有限元分析技术,主要是为了计算修复后的粘接面的应力,以及科学判断修复后的粘接效果是否能满足今后文物搬运、承重、悬挂等要求,避免文物再次断裂或损坏。这里以一件战国青铜编钟的模拟修复为例。该编钟由于在出土时已经碎裂成若干块,并经过了修复,在多年的悬挂展出中,原修复的吊耳因承受不住编钟的重量而脱落。首先,使用三维扫描仪进行高精度文物数据采集,并进行数据的匹配拼接,收集高精度扫描数据,设置采集精度为 0.02 mm,并对局部进行超高精度扫描,收集细节结构数据,建立仿真模型,再进行模型配准,分别将模型导入有限元分析软件中,采用自动和手动相结合的方法对整个结构进行有限元网格划分(设定网格大小为 0.5 mm)。之后,定义文物(青铜)、修复焊接材料(锡)等力学属性,设定边界、接触条件及载荷。由于编钟为悬挂模式,载荷设定为自重与引力,钟钮集中受力,设定接触面为钟钮的上部和尾部,连接部承受编钟整体的重量。然后带入有限元分析软件,对拟采用的 4 种拟修复方式进行技术分析。通过分析,筛选出最佳的修复方法。

由此,我们知道有限元分析技术运用在文物保护修复上,可以做到无害无损分析,提高文物修复质量,为我们的文物修复及研究提供全新的解决思路。同时我们也应该看到,有限元分析结果的精准度取决于 3D 扫描等数据的采集精准度和后期建模的质量精度。因此,有限元分析技术所使用的基础数据一定是高模数据。

第五节　文物的虚拟修复与复制

文物除了传承历史文化，还可供艺术鉴赏。修复，除了能去除文物的病害，尽可能延长文物的寿命，还可恢复文物的艺术特征。传统的文物修复和复制水平，取决于修复人员的经验。换句话说，文物修复和复制的质量在很大程度上与修复人员的个人认知水平和长期实践有较大的关系。在难度较大的情况下，修复要花费大量的人力、物力，时间也相对较长，即使这样，修复后的效果也不一定能达到预想的要求，特别是在对文物进行复制时，由于部分文物比较珍贵且脆弱，已无法在原物上直接翻模，因此如何借助现代科技手段，提高修复质量、缩短修复时间，是广大修复技术人员一直在思考和探索的问题。3D 技术在文物修复和复制方面的实际应用，无疑为我们提供了一条新的修复和复制路径。

以往在修复缺损文物时，会遇到缺失部位的补配问题。这时，一般采用塑形补缺的方式，或者是在另外相同且完整的部位翻制一个模进行补配。修复的结果是否合适，这在之前并不完全清楚。为此，应借助 3D 虚拟修复技术，在虚拟世界里进行修复或补配，通过检验修复的效果，选出最佳的修复路径。

例如，在修复一件汉代说唱陶俑时，在这件陶俑初出土后，工作人员用水泥和石膏对其右胳膊进行了补配，受技术条件的限制，补配部分非常死板，极不自然，与原文物在材质、纹理、肌理等方面均有较大差异，需要剔除补配部分重新修复补全。为此，应采用三维激光扫描技术，结合三维近景摄影测量技术进行数据采集，再运用多模融合技术进行模型融合，最终构建高精度的数字化文物模型。模型建立后，在模型上模拟去除原水泥修复部位，并结合人体工学，文物原材质、纹理、肌理等重新进行修复补块、材质渲染，并在模型上进行多角度的虚拟比对，选择较为可行的方案。最后，通过 3D 打印技术打印出实物模型，用于相关修复方案的论证。这样，可在不接触和尽可能不伤害文物的前提下，提出今后修复的方案构想。

在对馆藏珍贵文物的保护修复研究中，修复和还原有着相当重要的地位。缺损部分用传统工艺修复时，需要进行大量的试验并制作一些复制品，这不但会花费大量时间，同时也增加了成本，有时也不一定能取得较好的修复和还原效果。利用数字化技术，不仅可以非接触式地对文物进行复制，对修复技术和修复方式进行研究，快速汇集各方面的意见，还可以在精准建模的基础上对缺损文物进行虚拟修复，对修复所需的补片进行精准塑形，避免翻模时对文物造成二次伤害，为珍贵文物的保护方式、修复技术、修复材料的研究提供支撑。

例如，在修复一件青铜香炉文物时，修复前该文物缺失了一脚，并有较大的破洞，采用 3D 技术，选取香炉中一只完好的脚进行 3D 扫描建模，根据破损缺失处的情况，模拟还原补全修复，最终形成缺失模块的模型，通过 3D 金属打印，打印出需补全的金属模型并进行无缝拼接锡焊，再修缝补色，完成该文物的修复。与传统修复周期相比，借助 3D 技术进行修复的周期大幅缩短，而且是金属补金属，效果也较理想。

以往复制文物时，需要直接接触文物，需要在文物上翻模制作，此类复制方法容易对文物本体造成伤害，对于本体风化或锈蚀较为严重的文物，还不能直接翻制，特别是珍贵文物的复制，更要慎重，原因就在于此。而有的造型复杂的文物，很难完整地翻制模型，所以为了确保珍贵文物的安全，国家文物局专门出台了《文物复制拓印管理办法》，以指导文物的复制（包括拓印）工作。随着科技的进步，新材料、新技术、新手段不断出现，其中的三维数据扫描、3D 打印技术、非接触式的无损文物复制，无疑是成熟度较高的新技术。

例如，汉代画像砖是汉代砖室墓中用于装饰的一种图画砖，是一种以浅浮雕和线刻为主的艺术表现形式，其以神秘精美的纹饰图案、独特的艺术魅力，为世人所赞赏。但这类文物为泥土烧制砖，空隙率较大，历经千余年，风化程度也较重。如果采取传统的复制方法进行翻制，一方面，翻制用的材料有可能残留在画像砖的空隙里，难以完全剔除，甚至改变文物原有的颜色；另一方面，由于砖的表面风化，翻制脱模的过程，有可能对文物造成损伤，因此不适合在砖上直接翻制。那么，在不直接接触文物、不对文物造成任何损伤的前提下，用什么办法进行复制呢？3D技术的出现，为我们提供了一条新的解决途径。

以数字化技术为基础，通过数字化保护，运用数字信息采集设备，将文物的现状信息安全快速、多角度且精准地记录下来，并忠实地还原色彩和纹理信息。其构建的精细化数字模型，还可用于陈列展示、文物保护方式、修复技术、修复材料方面的研究。因此，文物的数字化，一定是建立在高模技术之上的，而检验是不是"高模"的最简便和最直观的办法，就是将任意放大或缩小打印的模型与原件相比，看其是否变形、细部纹饰是否丢失。

以传统的测量方式，很难获得文物完整的几何、色彩以及表面残损等信息，同时测量过程不可避免会对文物造成二次伤害。采用非接触式的数字化保护技术，可以获取精准的文物现状数字信息，还原色彩和纹理信息，既能快速获取精准、全面的信息，又安全可靠，还便于这些信息的传递和交流。虚拟现实等技术让展览陈列更加生动。借助数字化保护技术，可进一步梳理和挖掘文物的价值，深入分析这些文物所蕴含的历史信息，在明确保护对象及其特征、充分分析保护对象所面临威胁的基础上，系统、科学地制定保护修复技术路线。

精准的文物数字化信息与智能化的互联互通技术结合，有助于远程专业研究及数字博物馆的建设。珍贵文物易损，不宜异地交流，只能常年深藏在库房里，人们很难看到它。与虚拟现实技术结合，可以数字化的方式对珍贵文物进行展示，不受时间和空间的限制，信息量更丰富。在带来不一样的观展体验的同时，对珍贵文物的保护、研究和知识普及也有积极的推动作用。

总之，以数字化保护技术为基础，集合人工智能图形分割算法、多模态影像融合、3D数据传输优化技术，结合3D打印技术，对珍贵文物进行精准的数字化信息采集、加工，构建可用于3D打印的精细化数字模型，为文物保护方式、修复技术、修复材料的研究，文物复制，文创产品的开发，数字博物馆的建设及应用等奠定了基础。

第七章　文物管理标准化、法治化

历史上留存下来的大量文物，不仅是研究人类发展史、社会发展史的重要资料，更是进行中华民族优秀传统文化教育、爱国主义教育，维护祖国统一、增进民族团结的珍贵教材。因此，在博物馆学新视野下的文物管理研究显得尤为重要。

第一节　文物管理标准化

一、文物管理标准化的原因

（一）管理对象的特殊性

1.管理对象具有不可再生性

文物在经过了长期的历史积淀后，经过挖掘、收集而得以进入博物馆，每一件文物都是不同历史时期政治、经济、文化、军事等方面的缩影，是反映各民族进步及社会发展的精神产品和物质产品，是古代文明的珍贵遗产，是人类的共同财富。在经过百余年乃至千余年的历史和沧桑变迁后，这些文物能够保存下来，实属不易，毕竟它们是不能再生产的产品，为此，妥善保护管理就显得特别重要。

2.管理对象具有永久保存性

一般意义上的物品管理，都有一个物品保管的期限和管理的终结，如工厂材料工具的保管，在经过一定次数的借取、提用后，就要补充新的材料，添置新的工具，以满足需要；再如商场保管，商场只是商品进出的一个中转站，一批商品在经过一段时间的保管后，被提取上柜进入流通领域，随之又有一批新的商品进入商场，周而复始，循环往复；即便是档案保管，也有一个永久保存和定期保存之分。而文物的管理则不同，只要文物的身份确定后，就具有永久保存的概念，它的个体身份永远不会被取代。

3.管理对象具有内涵的特殊性

文物单从质上讲也是一种物质的东西，是历史发展演变过程中，在艺术、科学、经济等方面具有代表性的物质产物。其纹饰、色彩、器形、铭文、质地，都能从不同的角度展示久远的文明和辉煌的历史，给今天的人们带来艺术的享受和无尽的遐想，因而文物这种千百年来遗留下来的物质产物，其内涵非常丰富，且具有特殊性。这一特殊性决定了它在宣传教育方面的不可替代性，给陈列、展示、研究提供了直观的素材。

4.管理对象具有管理的不间断性

文物的保护管理依据文物不同的质地及珍贵程度，对所需的环境、条件、设施有不同的要求，这种要求是靠管理人员在日常的管理养护过程中，通过科学技术手段观察、测试、分析而提出的。无论是在库房，还是在陈列厅，每次环境的变化，都是需要进行跟踪，需要一直进行保护管理，从而确保文物被有效收藏，便于提供给人们利用。

（二）管理工作的科学性和技术性

文物的管理从内容上来划分，大致分为三个部分，即文物管理、文物保护、文物研究。这三个方面既是相互独立的单元，又相互交叉作用，体现了较强的科学性和技术性。

1.文物管理方面

文物标本从博物馆接收开始便纳入了管理的范畴,无论是登记、排架提用,还是核对、统计、注销,都有相应的要求,按照这些要求,各个环节的操作应该是规范的、严密的、准确的,而不是随意的、粗略的。以文物登记为例,博物馆文物种类繁多、差异大,没有科学规范的操作就很难保证国家文化财产账的真实可靠性。每一个栏目、每一项内容都取决于管理人员对文物外在及内涵的认识与把握程度,比如同样是"完残情况"一栏,不同的管理人员对其理解、描述的结果可能相差较大。一件文物上"有污迹",一般情况下这种记载无可挑剔,如果再对其进一步观察、分析、对比,可能会得出是水迹、墨迹、油迹、锈迹、霉迹的结论,后一种定性与前一种定性之间的差异,反映了管理人员的工作责任心和业务素养的差异。文物残损的外在形式是多种多样的,准确与否直接关系到文物的价值,涉及文物的妥善保护以及库房人员的岗位责任问题。再如,"质地"一栏,是纸质文物就写"纸"没有问题,但纸的概念并未到此结束,到底是宣纸、毛边纸、马兰纸,还是新闻纸,依然存在一个精确性的问题。管理人员对此类知识了解掌握的程度以及是否能用科学的态度来观察和分析问题就显得至关重要。

2.文物保护方面

文物保护包括日常养护和修复处理两部分内容。为了避免自然环境及其他因素造成藏品损坏,必须采取相应的措施,科学有效地防止、延缓各种不利因素的侵害,主要对策有防潮、防虫、防尘、防污染和防机械性损伤等。对于需要处理的文物,则要采取清洗、消毒、加固、复原等技术性措施。由于文物的材料质地、制作时代、造型纹饰、埋藏环境等差别很大,因此即便是同一类文物也不可千篇一律地用同一种方法进行养护处理,这里涉及一系列的科学保护课题。不同质地的文物,有不同的温、湿度控制范围,即最佳保存环境。博物馆中大都保存有有机质地制品,它们对湿度的要求比无机质地制品更为严格:相对湿度过高会造成霉菌滋生,导致文物腐朽、损坏;相对湿度过低会造成文物脆裂、翘曲变形。调整湿度时,需要通过监测来划定一个较为理想的范围,以达到保护的目的。

3.文物研究方面

文物研究是保护管理工作职能的一个重要方面，对文物进行研究的广度和深度，体现了专业工作者的业务素质和研究造诣。我们管理的每一件文物，都必须经过科学鉴定，在肯定其政治、历史、科学或艺术方面的价值之后，才能将其作为博物馆的正式收藏品。鉴定工作既是挖掘文物自身价值的过程，又是通过研究加深理性认识的过程。只有通过科学研究，才能辨其真伪，确定其价值，进而为文物的保护与收藏提供科学依据。

博物馆的文物来源大致分为两大类：一类是田野考古工作结束后经过整理移交的出土文物；一类是征集到馆的传世文物。当然还包括捐赠等其他渠道和方式入馆的文物，但主要是前两类。不论是出土文物，还是传世品，进入博物馆之后，都有一个继续深入研究的过程，这是因为人们对事物的认识都有一个从感性认识到理性认识的不断深化过程。随着社会的发展，各学科之间相互渗透、互相影响，关系不断加深，必然会促进各学科的研究在原有基础上进一步加深，不断进行新的探讨与反思，以不断深化研究，逐渐得到正确的认识。同时，出于科学研究信息分享和文物安全保护的需要，必须建立和健全文物档案，科学研究还为文物档案的建立提供了准确的资料。

二、文物管理标准化建设

（一）文物管理标准化建设的必要性

根据博物馆工作的性质以及文物管理工作的特点，有针对性地制定有关条例，使各类工作人员都能以其标准各司其职。因而，从某种意义上来说，科学管理体系的建立是实现文物管理工作规范化、标准化的重要保证。

当今人们与博物馆的接触不断加深，入馆收藏品的数量、品种不断增多，用于陈列展览、科学研究的文物范围在扩大、使用次数也在增加，文物遭受自然和人为破坏的风险也在增加，各项管理工作的任务也更为复杂、繁重，因此制定和执行相关条例，运用条例对文物进行科学化、标准化的管理，有利于保证各项管理任务的顺利完成。另外，文物工作的加强、国家对博物馆重视程度的提高，都对博物馆事业的发展提出了更高的要求，只有进一步重视和加强文物的规范化管理和标准化建设，才能保证博物馆各项工作顺利进行。

（二）文物管理标准化建设的主要手段——建立规范化管理标准

所谓标准就是以科学、技术和实践经验的综合成果为基础，对重复性事物和概念作出统一的规定。文物管理工作涉及的标准，内容上大致可分为组织编制标准、操作规范标准和信息数据标准三个方面，而操作规范标准是博物馆标准化的重要内容，它是指具体工作程序的规范。长期以来，博物馆工作处于以个体活动为主的封闭状态，缺少现代化大工业生产的宏观控制和微观调整，缺乏系统工程的整体意识。文物管理工作中的各项操作，没有统一的章程，同一项操作，因馆而异，因人而异，因物而异，既影响了信息的交流，也影响了工作的效率，因此当前应尽快建立统一的规范化管理标准。

那么，为了保证文物管理工作的科学运行，在日常管理活动中，应该建立哪些标准呢？就目前来讲，大致应包括以下几点：

①文物接收、登记标准。凡是进入博物馆的文物，都必须经过接收、登记的过程，如果没有统一的标准作依据，必然影响接收、登记的质量。所以制定文物接收、登记标准，是搞好文物管理工作的第一步。

②文物入藏标准。文物与藏品是两个概念，文物不是都能作为藏品的，这涉及一个科学鉴定的问题，制定文物的入藏标准，即可以确保藏品的质量。

③文物定名标准。文物定名是科学分类、编目的前提，既要准确无误，又要准确、简练、鲜明地反映文物的外在形式和本质特征，这就要制定文物定名标准。

④文物分类标准。要使文物得到妥善保管，便于提取利用，就要依据文物管理与使用的特点对文物进行科学分类，它是文物管理标准化最重要的内容。

⑤文物编目标准。编目是对文物进行科学鉴定、研究、认识并进行翔实记录的过程，因此应就编目的项目、格式、书写要求、标记符号等制定统一标准。

⑥文物档案管理标准。文物档案具有考察使用价值，是科学管理文物和进行文物研究必不可少的参考材料。要做好这一工作，必须就文物档案的收集范围、立卷原则、分类方法、管理要求制定统一标准。

⑦文物库房管理标准。文物库房管理是博物馆管理工作的核心问题，它关系到文物的安全，关系到利用文物的便利性。所以应根据文物管理的特点制定库房管理标准，为科学规范管理提供依据。

⑧文物安全操作标准。文物在实际管理过程中，经常性地被提用、移动，在这种人为的运动中，往往在一些细微之处存在问题，导致文物被破坏。另外，在修复、养护过程中还有安全操作方面的问题，这就需要一个规则、标准来规范此流程。

⑨文物管理人员岗位考核标准。这是按工作岗位制定的管理标准，它包括岗位任务、完成任务的数量和质量要求、期限、完成规定任务的程序和方法、与其他岗位的配合要求，以及工作考核标准。

以上这些标准的设置，主要是围绕文物管理工作中的各个环节来进行考虑的，也是文物管理工作中遇到问题最多、矛盾最为突出的方面。可以想象，建立健全以上文物管理标准之后，无疑将会使博物馆文物管理工作提升到一个新的高度，由"人治"走向"法治"，逐渐形成一个良性循环，为全国各博物馆间的交流，统一协调管理程序、管理方法、管理目标创造条件。

我国的博物馆经过长期的管理实践，逐步摸索和积累了很多经验，不少馆在文物的分类、登记、编目、定名、库房管理等方面形成了一整套行之有效的管理办法，在一些主要程序的具体问题上已形成一些倾向性意见，具备了一定的基础。但由于博物馆文物管理工作所接触对象的不同、工作途径和方法的不同、馆际的要求与重点不同等，实行标准化管理的过程也比较艰难。尽管如此，尽快建立统一的科学管理体系，使文物管理各项工作规范化、标准化势在必行。

实现文物的标准化管理是一项较为复杂的系统工程。它内容庞杂，工作繁重，需要花费一定的时间和相当大的精力。但应从现在开始，把这一工作列入议事日程，着手组织调查，了解各省市博物馆文物管理工作的动态，掌握最新的情况，搜集各博物馆文物管理方面的档案，剖析其中的利弊；结合文物管理工作的特点，进行构思和规划，为尽早实现文物管理的标准化做好准备。

第二节　文物管理法治化

一、文物管理法治化的内涵

我国丰富的文物保护实践和制度创新历程表明，文物管理的科学化最终将落脚在法治化上。文物管理法治化是国家文物管理现代化的重要标志和必由之路。在实践中，随着我国不断加强对优秀传统文化的挖掘和阐发，对文物保护及合理利用的重视程度不断提高，文物管理法治化受到愈来愈广泛的关注。

文物管理法治化不同于以往的"文物法制建设"。一方面，良法未必善治，文物管理法治化需要通过以人为核心的法律实践才能实现，它不仅涉及制度建设，更包含法律的运用原则和相关实践，因此不能仅专注于从立法的视角阐述如何建立最优的法律体系，更不能仅专注于如何对法律法规进行"立、改、废、释"。另一方面，在国家文物管理视域下，我们需利用和借助文物的特殊功能，来协助解决国家发展中的问题。要想解决这些问题，我们不能像以往一样将视野仅局限于国家、政府在文物保护中所起的核心作用，必须强调社会的发展和个人的力量。

法治化是国家文物管理的基本方式。文物工作者尤其是理论工作者首先应该做的，是构建一个关于文物管理法治化的认识框架，在这个框架中，有一套有关国家、社会、个人关系的预设，在此预设之上，对文物管理法治化的理念和要素、性质、功能等进行阐述，从而更好地探寻"文物管理法治化是什么""国家文物管理与文物管理法治化是什么关系"等问题。

具体来说，文物管理法治化的内涵包括以下两方面内容：

（一）文物管理体系的制度化

我国的文物管理体系是由一整套制度构成的，以《中华人民共和国宪法》为基础，以《中华人民共和国文物保护法》为核心内容，以《中华人民共和国文物保护法实施条例》《博物馆管理办法》《博物馆条例》等为补充，对文物管理主体、管理事务、管理权能、管理程序、管理评价等多个方面的内容进行了规定，总体表现为国家文物管理制度。从广义上来说，文物管理制度不是孤立的，是国家制度体系的重要组成部分，是一个涉及民法商法、行政法、社会法等多个法律部门，上下协调、相互补充的完整体系。

（二）国家文物管理能力法治化

管理能力法治化要求，不仅要建立一个法律的静态规范体系，还要建立一个动态的法律运行体系。解决有法可依的问题只是第一个层面的问题，国家文物管理能力的法治化注重的是法律的实施，强调法律运行各个环节的有序性、有效性以及相互之间的良性互动，在此基础上实现政府管理、社会管理、市场管理的共同推进。

基于此，加快建设法治政府，深入推进依法行政是当前的首要任务。第一，要明确法治政府所包含的职能科学、权责法定、执法严明、公开公正、廉洁高效、守法诚信等六个基本标准。第二，要科学转变政府职能，制定政府权力清单制度。实现政府机构、职能、权限、程序、责任法定化。各级政府及其工作部门依据权力清单，向社会全面公开政府职能、法律依据、实施主体、职责权限、管理流程及监督方式等事项。第三，要健全依法决策机制。完善决策程序，在行政和决策实践中依法执行必要程序；实行责任追究制，所有决策责任倒查、终身追责；在各项重大、疑难问题决策过程中，要注重发挥政府机构法律顾问的作用。第四，深化行政执法改革。要认真分析研究、总结论证当前文物监督执法机构存在的问题，结合行政组织和行政程序法律制度的总要求，推进文物执法体制改革，合理配置执法力量，努力提高执法和服务水平；加强文物行政执法信息化建设和信息共享。第五，强化对行政权力的制约和监督。对财政资金分配使用、政府投资、文物保护工程建设等权力集中的部门和岗位实行分事行权、分岗设权、分级授权，定期轮岗；完善审计制度；全面推进政务公开工作。

中共国家文物局党组署名文章《以习近平新时代中国特色社会主义思想为指导奋力开创新时代文物工作新局面》一文提到："要拓展文物资源利用途径，优化文博供给体系，加大文物保护单位开放力度，提升博物馆公共服务和社会教育功能，支持各方力量参与文物保护利用，鼓励民间合法收藏文物，促进文物市场活跃有序健康发展，使文物保护利用成果更多惠及人民群众，让人民精神文化生活更丰富，基本文化权益保障更充分，文化获得感、幸福感更充实。"由此可见，政府努力在全局上对文物事业的改革发展进行积极引导和系统规划，不断努力向治理能力法治化迈进。

文物作为过去文化遗存的物质载体，是使过去、现在和未来进行对话的桥梁。在新时代，文物工作的着力点就是要充分利用这一对话机制，实现文物保护利用与文化建设的有机融合，不断加强文物文化价值的发掘利用和科学阐释工作，不断提高文物管理法治化水平，不断铸就中华文化新辉煌，助力实现中华民族伟大复兴的中国梦。

二、文物管理相关法律规定

我国涉及文物管理的法律有多部，如《中华人民共和国文物保护法》《博物馆条例》《博物馆管理办法》《中华人民共和国水下文物保护管理条例》等。由于篇幅有限，这里仅罗列《中华人民共和国文物保护法》与《博物馆条例》的部分规定。

（一）《中华人民共和国文物保护法》有关规定

《中华人民共和国文物保护法》对馆藏文物的规定如下：

第三十六条 博物馆、图书馆和其他文物收藏单位对收藏的文物，必须区分文物等级，设置藏品档案，建立严格的管理制度，并报主管的文物行政部门备案。

县级以上地方人民政府文物行政部门应当分别建立本行政区域内的馆藏文物档案；国务院文物行政部门应当建立国家一级文物藏品档案和其主管的国有文物收藏单位馆藏文物档案。

第三十七条 文物收藏单位可以通过下列方式取得文物：

（一）购买；

（二）接受捐赠；

（三）依法交换；

（四）法律、行政法规规定的其他方式。

国有文物收藏单位还可以通过文物行政部门指定保管或者调拨方式取得文物。

第三十八条 文物收藏单位应当根据馆藏文物的保护需要，按照国家有关规定建立、健全管理制度，并报主管的文物行政部门备案。未经批准，任何单位或者个人不得调取馆藏文物。

文物收藏单位的法定代表人对馆藏文物的安全负责。国有文物收藏单位的法定代表人离任时，应当按照馆藏文物档案办理馆藏文物移交手续。

第三十九条 国务院文物行政部门可以调拨全国的国有馆藏文物。省、自治区、直辖市人民政府文物行政部门可以调拨本行政区域内其主管的国有文物收藏单位馆藏文物；调拨国有馆藏一级文物，应当报国务院文物行政部门备案。

国有文物收藏单位可以申请调拨国有馆藏文物。

第四十条 文物收藏单位应当充分发挥馆藏文物的作用，通过举办展览、科学研究等活动，加强对中华民族优秀的历史文化和革命传统的宣传教育。

国有文物收藏单位之间因举办展览、科学研究等需借用馆藏文物的，应当报主管的文物行政部门备案；借用馆藏一级文物的，应当同时报国务院文物行政部门备案。

非国有文物收藏单位和其他单位举办展览需借用国有馆藏文物的，应当报主管的文物行政部门批准；借用国有馆藏一级文物，应当经国务院文物行政部门批准。

文物收藏单位之间借用文物的最长期限不得超过三年。

第四十一条 已经建立馆藏文物档案的国有文物收藏单位，经省、自治区、直辖市人民政府文物行政部门批准，并报国务院文物行政部门备案，其馆藏文物可以在国有文物收藏单位之间交换。

第四十二条 未建立馆藏文物档案的国有文物收藏单位，不得依照本法第四十条、第四十一条的规定处置其馆藏文物。

第四十三条 依法调拨、交换、借用国有馆藏文物，取得文物的文物收藏单位可以对提供文物的文物收藏单位给予合理补偿，具体管理办法由国务院文物行政部门制定。

国有文物收藏单位调拨、交换、出借文物所得的补偿费用，必须用于改善文物的收藏条件和收集新的文物，不得挪作他用；任何单位或者个人不得侵占。

调拨、交换、借用的文物必须严格保管，不得丢失、损毁。

第四十四条 禁止国有文物收藏单位将馆藏文物赠与、出租或者出售给其他单位、个人。

第四十五条 国有文物收藏单位不再收藏的文物的处置办法，由国务院另行制定。

第四十六条 修复馆藏文物，不得改变馆藏文物的原状；复制、拍摄、拓印馆藏文物，不得对馆藏文物造成损害。具体管理办法由国务院制定。

不可移动文物的单体文物的修复、复制、拍摄、拓印，适用前款规定。

第四十七条 博物馆、图书馆和其他收藏文物的单位应当按照国家有关规定配备防火、防盗、防自然损坏的设施，确保馆藏文物的安全。

第四十八条 馆藏一级文物损毁的，应当报国务院文物行政部门核查处理。其他馆藏文物损毁的，应当报省、自治区、直辖市人民政府文物行政部门核查处理；省、自治区、直辖市人民政府文物行政部门应当将核查处理结果报国务院文物行政部门备案。

馆藏文物被盗、被抢或者丢失的，文物收藏单位应当立即向公安机关报案，并同时向主管的文物行政部门报告。

第四十九条 文物行政部门和国有文物收藏单位的工作人员不得借用国有文物，不得非法侵占国有文物。

（二）《博物馆条例》有关规定

《博物馆条例》对博物馆管理的规定如下：

第十七条 博物馆应当完善法人治理结构，建立健全有关组织管理制度。

第十八条 博物馆专业技术人员按照国家有关规定评定专业技术职称。

第十九条 博物馆依法管理和使用的资产，任何组织或者个人不得侵占。

博物馆不得从事文物等藏品的商业经营活动。博物馆从事其他商业经营活动，不得违反办馆宗旨，不得损害观众利益。博物馆从事其他商业经营活动的具体办法由国家文物主管部门制定。

第二十条 博物馆接受捐赠的，应当遵守有关法律、行政法规的规定。

博物馆可以依法以举办者或者捐赠者的姓名、名称命名博物馆的馆舍或者其他设施；非国有博物馆还可以依法以举办者或者捐赠者的姓名、名称作为博物馆馆名。

第二十一条 博物馆可以通过购买、接受捐赠、依法交换等法律、行政法规规定的方式取得藏品，不得取得来源不明或者来源不合法的藏品。

第二十二条 博物馆应当建立藏品账目及档案。藏品属于文物的，应当区分文物等级，单独设置文物档案，建立严格的管理制度，并报文物主管部门备案。

未依照前款规定建账、建档的藏品，不得交换或者出借。

第二十三条 博物馆法定代表人对藏品安全负责。

博物馆法定代表人、藏品管理人员离任前，应当办结藏品移交手续。

第二十四条 博物馆应当加强对藏品的安全管理，定期对保障藏品安全的设备、设施进行检查、维护，保证其正常运行。对珍贵藏品和易损藏品应当设立专库或者专用设备保存，并由专人负责保管。

第二十五条 博物馆藏品属于国有文物、非国有文物中的珍贵文物和国家规定禁止出境的其他文物的，不得出境，不得转让、出租、质押给外国人。

国有博物馆藏品属于文物的，不得赠与、出租或者出售给其他单位和个人。

第二十六条 博物馆终止的，应当依照有关非营利组织法律、行政法规的规定处理藏品；藏品属于国家禁止买卖的文物的，应当依照有关文物保护法律、行政法规的规定处理。

第二十七条 博物馆藏品属于文物或者古生物化石的,其取得、保护、管理、展示、处置、进出境等还应当分别遵守有关文物保护、古生物化石保护的法律、行政法规的规定。

参 考 文 献

[1] 费钦生.博物馆展示学研究[M].沈阳：辽宁人民出版社，2022.

[2] 符燕，朱海，宋美娇.文物保护与修复技术[M].长春：吉林文史出版社，2020.

[3] 高大石.博物馆合规管理指南[M].沈阳：辽宁人民出版社，2023.

[4] 耿超.博物馆学理论与实践[M].北京：科学出版社，2018.

[5] 靳花娜.文物保护管理及其技术研究[M].长春：吉林出版集团有限责任公司，2022.

[6] 李爱红，黄粒粒，朱徐超.传统手工纸与纸质文物修复[M].杭州：中国美术学院出版社，2021.

[7] 李承宽，夏爱梅.博物馆藏品保护与文化传播[M].哈尔滨：北方文艺出版社，2021.

[8] 卢文玉，李金乔.文物修复与保护[M].北京：北京日报出版社，2020.

[9] 潘守永.新博物馆学理论与实践[M].南京：江苏凤凰文艺出版社，2023.

[10] 容波，赵静.陶质彩绘文物保护修复材料性能及应用效果评价[M].北京：科学出版社，2022.

[11] 王滨.博物馆藏品保管与保护[M].沈阳：沈阳出版社，2017.

[12] 辛亚勤，张玉静.博物馆管理与藏品保护研究[M].北京：中国华侨出版社，2023.

[13] 徐玲.博物馆学的思考[M].郑州：郑州大学出版社，2018.

[14] 赵润忠.对文物博物馆管理体制的新探索[J].科技与创新，2017（18）：87-88.

[15] 赵祥全.现代博物馆管理的创新策略研究[M].天津：天津科学技术出版

社，2020.

［16］赵喆人．中国国有博物馆管理体制改革研究［D］．上海：上海交通大学，2009．

［17］周华，季子薇．陶瓷文物修复理论与方法［M］．北京：文物出版社，2022．

［18］周曙初．论文物博物馆管理体制创新［J］．文物鉴定与鉴赏，2019（13）：128-129．